U0634404

书香润璞 课程化人

梁柏健◎主编

哈尔滨出版社
HARBIN PUBLISHING HOUSE

图书在版编目（CIP）数据

书香润璞　课程化人 / 梁柏健主编 . — 哈尔滨：
哈尔滨出版社 , 2020.8

ISBN 978-7-5484-5360-4

Ⅰ . ①书… Ⅱ . ①梁… Ⅲ . ①中学—课程建设—研究
Ⅳ . ① G632.3

中国版本图书馆 CIP 数据核字（2020）第 120996 号

书　　　名：书香润璞　课程化人
　　　　　　SHUXIANG RUNPU　KECHENG HUAREN

作　　　者：梁柏健　主编
责任编辑：刘　丹　曹雪娇
封面设计：笔墨书香

出版发行：哈尔滨出版社（Harbin Publishing House）
社　　　址：哈尔滨市香坊区泰山路82-9号　　邮编：150090
经　　　销：全国新华书店
印　　　刷：武汉颜沫印刷有限公司
网　　　址：www.hrbcbs.com　　www.mifengniao.com
E-mail：hrbcbs@yeah.net
编辑版权热线：（0451）87900271　87900272

开　　　本：710mm×1000mm　　1/16　　印张：12.75　　字数：170千字
版　　　次：2020年8月第1版
印　　　次：2022年8月第2次印刷
书　　　号：ISBN 978-7-5484-5360-4
定　　　价：46.00元

本书编委会成员

主　编：梁柏健

副主编：魏欣婕

编　委：徐佩琴　王学军　廖　欣　惠金兰　邹红梅　李辉辉

目　录

理论探究篇

方案规划篇

课程阐释篇

典型案例篇

理论探究篇

一、校本课程开发历史背景

1992 年，我国颁布了《九年义务教育全日制小学、初级中学课程计划》，它是新中国成立以来首个提出"地方课程"的文件，但是课程决策权仍主要集中在中央一级，难以真正体现课程的地方性和适应性。1996 年 6 月颁布的《中共中央国务院关于深化教育改革全面推进素质教育的决定》提出"试行国家课程、地方课程和学校课程"，推行国家、地方、学校三级课程管理体制，试图改变课程管理过于集中的状况，从政策层面上给校本课程开发提供了保障。1996 年《全日制普通高级中学课程计划（试验）》规定，学校应该"合理设置本学校的任选课和活动课"，占周总课时的 20%-25%。[①] 第一次在全国范围内提出了学校可以自行设置课程，并给出一定的课时要求，保障了学校和教师的课程开发机会。

1999 年 6 月 13 日，中共中央、国务院出台《关于深化教育改革全面推进素质教育的决定》，其中第二部分第 14 条规定指出："调整和改革课程体系、结构、内容，建立新的基础教育课程体系，试行国家课程、地方课程和学校课程，改变课程过分强调学科体系，脱离时代和社会发展以及学生实际的状况。"由此拉开了"三级课程管理体系"的序幕，三者在国家课程计划中所占比重分别是 80%、15% 和 5% 左右。1999 年召开全国教育工作会议提出：实施"三级（国家、地方、学校）课程管理"的决策。至此，我国地方课程开发和校本课程开发正式被作为"政策"提出来。

---

① 国家教委基础教育司.全日制高级中学课程计划学习指导(试验).北京：人民教育出版社，1997：146

2000 年，教育部制定《全日制普通高级中学课程计划（试验修订稿）》规定：地方和学校安排的选修课占周课时累计数的 10.8%-18.6%，同时学校还要承担"综合实践活动"（占 8.8%）的课程。

2001 年 5 月 29 日，国务院颁布的《基础教育改革与发展的决定》[国发（2001）21 号] 明确指出："实行国家、地方、学校三级课程管理……国家制定中小学课程发展总体规划，确定国家课程门类和课时，制定国家课程标准，宏观指导中小学课程实施。"

到 2005 年 9 月，全国九年义务教育起始年级的学生进入基础教育新课程实验，校本课程正式走进校园，这标志着我国的课程管理体制已经走出单一的国家课程管理模式，走向国家、地方、学校三级课程管理模式，也预示着校本课程已成为中小学课程的重要组成部分，成为国家课程的一种重要补充。

党的十九大明确提出："要全面贯彻党的教育方针，落实立德树人的根本任务，发展素质教育，推进教育公平，培养德智体美全面发展的社会主义建设者和接班人。"《国家中长期教育改革和发展规划纲要（2010—2020 年）》提出，"为每一个学生提供适合发展的教育"。建设有特色的学校课程体系是推进当前中小学课程改革的重要途径和手段，旨在解决过去课程改革中出现的只是片面追求课程数量、规模，忽略系统思考和整体设计，造成课程建设"碎片化""分散化""割裂化"等一系列问题。

2019 年 6 月，国务院办公厅发布《关于新时代推进普通高中育人方式改革的指导意见》（以下简称《意见》）。《意见》明确，到 2022 年，德智体美劳全面培养体系进一步完善，立德树人落实机制进一步健全。普通高中新课程新教材全面实施，适应学生全面而有个性发展的教育教学改革深入推进，选课走班教学管理机制基本完善，科学的教育评价和考试招生制度基本建立，师资和办学条件得到有效保障，普通高中多样化有特色发展的格局基本形成。

为贯彻落实课改精神，落实国家课程计划，推进素质教育实施，提高学生

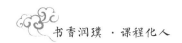

综合素质，培养全面发展的人才，强化学校特色，北京师范大学（珠海）附属高级中学在切实执行国家课程的同时，本着促进学生发展、在研究中创新、在创新中发展课程资源的态度，积极开发校内外课程资源，满足学生需求，拓展教育层面，有计划、有步骤地推进校本课程开发进程，逐步形成适应地方、学校和学生需要的体现学校办学特色的学校课程体系，特制定本规划。

二、基于新课程改革下的价值重构

2019 年国务院办公厅发布的《关于新时代推进普通高中育人方式改革的指导意见》[国办发（2019）29 号] 也提出了构建全面培养体系、优化课程实施、创新教学组织管理、加强学生发展指导、完善考试和招生制度以及强化师资和条件保障等六方面重点任务。在优化课程实施中指出，制定普通高中新课程实施方案，2022 年前全面实施新课程、使用新教材；完善学校课程管理，加强特色课程建设。创新教学组织管理方面需有序推进选课走班，满足学生不同发展需要；深化课堂教学改革，推进信息技术与教育教学深度融合，逐步改变单纯以考试成绩评价录取学生的倾向。

在 2022 年全面实施新课程使用新教材的大变革之下，搭建科学合理、充满活力的课程结构，努力追寻课程体系建设的价值和意义便是学校课程改革的关键。

（一）重构课程观

《国家中长期教育改革和发展规划纲要（2010—2020 年）》提出"为每一个学生提供适合发展的教育"，预示着我国学校课程体系的价值转型。随着新课程改革，新旧教育观念的冲突是不可避免的。

众所周知，教学只是课程链中的一个关键环节。教学不等于课程。从价值导向看，课程统率教学；从整体与局部的关系看，课程与教学是包含关系，即课程包含教学；从课程实施看，教学是课程的实施形态；有什么样的课程观，就有什

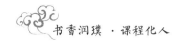

么样的教学观。

1.教师即课程，课程即体验

课程是学校最重要的产品，是学校一切工作最终的物化体现，是一所学校师生能力与水平最有力的证物，是学校的核心竞争力。长期以来，教师被排斥在课程开发之外，只是被动执行权威的课程计划。教师则认为，教学即是执行、复制课程文本的过程，这导致教师缺乏课程意识和课程开发的技能。新课程赋予教师参与课程开发、课程管理的权力，教师必须培养和增强课程意识，转变传统的"课程即教材""课程即学科"课程观念，从被动的课程解释者转变为主动的课程开发者；从教科书的忠实执行者转变为共同建构新课程的课程合作者；从知识的权威者转变为学习的组织者和引导者。教师不再是单纯的知识灌输者，也不是单纯的学习扶助者，而是知识的共同建构者。

因此，教师才是最重要的课程资源，正所谓"教师即课程"。教师的素质状况决定了课程资源的识别范围、开发和利用的程度以及发挥效益的水平，教师要能根据实际条件和学生特点，善于对课程资源进行鉴别、开发、积累和利用，并在实践中不断增强课程资源意识、提高课程开发技能。教师教到最后，教的其实都是自己。他的知识、他的能力、他对学生的洞察与关注，他的情感态度、喜怒哀乐都有可能成为课程里重要的元素。

我们正致力于一系列课程教学概念的重建，已经从"课程即计划"的静态课程观走向"课程即体验"的动态课程观，教师的教学行为明显经历了四个演进过程："预设——生成——预设和生成——预设为了生成"，教学过程是师生合理运用课程资源共同建构知识的过程，是教师与学生个性共同成长和完善的过程。

2.课程觉醒

在"教师即课程""课程即体验"的课程理念下，强化教师的课程意识尤为必要，也是新课程改革的当务之急。与国家地方课程不同，校本课程开发内在地、必然地规定了学校及教师是课程开发的主体，教师即研究者，没有教师的发展就没有课程的编制。

课程意识是指教师在考虑教育教学问题时对于课程意义的敏感性和自觉性程度，教师在拥有课程意识的同时，也要进行教学觉醒，即在课程意识的支配下自觉唤醒教学活动主体，主动对教学、自身和学生重新进行审视。成功的课程变革包含着教师学会去做一些全新的事情，在这个意义上，课程实施的过程在本质上也是一个教师不断觉醒的过程——不断学习、不断推翻、不断重建。因此，在改革的特殊情境下，教师的觉醒与课程变革的实施是并肩进行的。这就要求教师自然走进了理论学习之中，自觉地实践课程内容，提高课程开发的能力和教学能力，对教师的专业发展也起着推动的作用。

每个教师都是课程的开发者、设计者、实施者、评价者。在某种程度上，当教师敢于扔掉专家编写的教材时，敢于根据课程标准和学生特性开发自己的教材时，课程觉醒才会发生。

为此，我校的课程建设有两大转向，一是从以教学建设为中心逐步转向以课程建设为中心，二是以课程建设为中心逐步转向以课程体系建设为中心。

3. 时时处处有课程

教育发生的场所在生活世界，生活世界也是教育意义得以建构的场所，学生的体验和经验构成了学校教育的全部内容，而学生的体验和经验是丰富多彩的，其中包括道德生活、体育生活、审美生活、文化生活，而这些教育生活样式的实施载体就是课程。但凡与学生体验经验有关的事情都可以纳入课程实施的范围，课程不再是单纯的认识过程载体，而是师生在生活世界中通过交往共同建构意义的活动。促进学生全面发展的教育，必须建构一种涵盖学生的所有生活领域的课程体系。

中国教育科学研究院基础教育研究中心主任陈如平提出，树立一种大课程

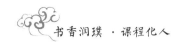

观，要形成一个学校"一事一物皆教育、时时处处有课程"的理念。

学科课程是整个学校的基础，占课程结构和体系的一大部分。此外，我校的各种教育生活也都构成了丰富多彩的课程文化——文艺活动诸如体育艺术节、科技文化节、'绿源杯'篮球赛、拔河比赛，教学比赛诸如"百花奖""清泉杯"，民族融合活动诸如"古尔邦节文艺汇演""民族风情展演"，社会实践活动诸如"澳大利亚研学交流""乐助蓝天"志愿服务以及各部门处室开展的诸如"研究性学习""国旗下讲话""学农""社团活动""志愿服务"等，这些活动也都属于课程实施的范围。美国教育家杜威曾说："生活的内容就是教育的内容。"另一位美国教育家科勒涅斯也说："生活的世界就是教育的世界，生活的范围就是课程的范围。"

如果课堂教学改革一直在文化课教学领域中探索，那么改革到一定阶段势必会陷入改革"高原区"；如果我们设计的课程符合人的发展规律，那么可以说，我们就在某种程度上解决了教育的生态环境问题。

（二）重建学习观

学习的实践是对话性实践。"学习，是同客观世界的相遇与对话，同他者的相遇与对话，同自我的相遇与对话"。①

传统的学习观认为学习就是心灵对固定的外部实体的确切把握，教育中的接受学习和记诵之策大行其道，新课程观的建构打破知识的"霸权性"，使学生个体的理解、想象和创造得到确认。作为教育公正与高质量标杆的芬兰，在其2014年《基础教育国家核心大纲》（National Core Curriculum for Basic Education）中也提出了类似的学习观：

学生是积极的学习者，唯有帮助他们成为自我学习者（自己设定目标、掌握学习策略、反思学习）并让他们体会到学习的乐趣，才能让他们成为终身学习者，

---

①佐藤学.学习的快乐——走向对话 [M].钟启泉，译.北京：教育科学出版社，2004：40.

因为学习不是仅仅在学校的一段时间，而是为了自己的终身发展。[①]

学生也从个体封闭的学习行为迈向个体间的交流与合作，即学生与他者的对话——学生之间的交流与合作能够深刻完善彼此的见解，使自己成长为一个学会合作与交流的社会主体，使学习既具有个人意义又具有社会意义。

人类的学习是复杂的，有正规学习，即在常规教育教学机构中进行的有计划的规定课题的学习；也有非正规学习，这种学习可以说是在日常生活情境问题解决中实现的学习；还有一种"潜在学习"，指同学习意图没有关系而发生的知识习得，不能明示所获知识的一种学习。"潜在学习"的概念获得了众多研究的支持，布兰斯福德（J.Bransford）提示了潜在学习的"普遍性"与"潜在性"。[②]正如多尔（W.E.Doll）指出的："学校拥有一种有计划、被正式认可的课程，但它也拥有一种无计划、非正式和隐蔽的课程，这是不能不予以考虑的。"基于学习的三种分类及学习的"对话性"特点，构建实用有效合理的课程体系显得尤为必要和迫切。

（三）重建教学观

新课程的突出特征就是强调"课程统整""合作教学""行动研究"等新观念，这势必要求教师要打破积习已久的教学规范，冲破既有的种种"课程惰性"，自主寻求多样化的创造性教学模式，使教学内容与教学过程由预设和封闭走向生成和开放，实现从"教师中心"转向"对话中心"的"活动性、协同性、反思性教学""教学原本就是形形色色的对话，拥有对话的性格"。[③]

---

①夏雪梅.项目化学习设计：学习素养视角下的国际与本土实践 [M].北京：教育科学出版社，2018：4.

②青山征彦，茂吕雄二.学习心理学 [M].东京：科学出版股份公司.2018.2，8，10-11，26-35.

③钟启泉，崔允漷，张华.为了中华民族的复习，为了每位学生的发展——《基础教育课程改革纲要（试行）》解读 [M].上海：华东师范大学出版社，2001：210.

　　此外，课堂教学本身就是以语言为中心媒介展开的。借助语言交流想法、展开论题的解读与质问的过程，实际上已经包含了理解知识、探究知识、创造知识这些要素。所以教师的语言活动在本质上就是一种对话的过程。

　　教师不再仅仅是"教教材"，而是与学生一起探索学生正经验到的一切。新课程改革下的教学应该是在教师的帮扶下，学习者同教材对话、同他者对话，同自我对话，展开知识的协同探究与建构的过程。

三、课程体系开发

（一）相关概念厘定

1.校本

"校本课程开发"是一个课程专业术语，其英文缩写为"SBCD"（school-based curriculum development）。时下，"校本"已经成为一个时尚词汇，很少有人去追问"校本"从哪里来，到哪里去。一段时间以来，"源于学校""通过学校""为了学校"，成为"校本"的经典注释。其实对此类理解仍需存疑，需要商榷。显然，"校本"的目的是增加课程对学生的适合度，增加学生对课程的选择机会，本质上是促进学生的个性化发展。

校本课程开发的产品并不是什么特别的课程，恰恰应该是学生的课程，是追求学生获得的校本课程，应当源于学生、为了学生。从这个意义上讲，所谓"校本课程"，实质上就是"学本课程"。因此，走向学本课程，应是校本课程开发的趋势。

2.课程

现代课程之父泰勒（Tyler）把"学习经验"作为课程的基本成分，倾向于把课程理解为一种经验。1991年出版的《国际课程百科全书》系统地列举了九种有代表性的课程定义，这九种定义代表了人们对课程理解的倾向性认识，概括起来，集中在以下四类：课程即学问和学科、课程即书面的教学（活动）计划、课程即预期的学习结果或目标、课程即学习经验。20世纪80年代以来，西方课程

领域开始将哲学、社会学、美学、神学、文学等方面的理论与课程理论相结合，力图从多个角度解读课程，形成多元课程思潮。国际课程促进会主席派纳则提倡将课程理解为人对意义和价值主动探索的过程，活动本身即为目的。

从国内外学者有关课程定义的种种归纳中，我们可以发现每种归纳方式都将课程视为学科、经验、目标、计划等，这些都是教育史上对课程的代表性看法。显然，要寻求一个对课程的共同理解是一件不容易的事情。我们比较认同美国课程论专家威廉姆·派纳（W.F.Pinar）的观点："课程尽管包括这些文字的与制度的意义，但绝不限于此……课程应成为一代人努力界定自我与世界的场所。"①

无论是国家还是地方的课程期望和理想，只有落实到学校一级，与教师和学生"见面"，并真实地进入师生教与学的过程中，才能产生"实在"的课程效益。

崔允漷教授也指出："课程，简单地说，是用'课'的方式规范、引导学生学习的过'程'，专业地说，课程是经过专业化设计的学习经验，从学习方案的设计、实施到评价。"②从此意义上讲，校本课程开发的确必要。

3. 课程开发

从课程史发展可以看出，所谓学习本位课程开发实际上就是课程行动研究，因此，将"curriculum development"译为"课程研发"比较合适。同时，按照《牛津英语词典》对"开发"的解释，"开发"包括"一项计划、方案的具体细节的确定"，再从学校本位课程开发活动发生过程来看，它既是一个研究过程，又是具体的开发过程，也是一系列行动过程。因此，课程研发更能体现"curriculum development"的本意。

进一步从校本课程开发的历史发展来看，校本课程开发的实质就是教师成为研究者，"每个课堂就是一个实验室""每个教师都是一个研究者"，这说明

---

① Pinar,W.F., Reynolds,W.M.,Slattery,P.etal. Understanding Curriculum[M].New York：Peter Lang Publishing,1995：848，847-848.

②崔允漷、雷浩.优质学校课程建设的专业规范 [J].人民教育，2019（13）：37-40.

校本课程开发与教师研究密不可分。因此，将"curriculum development"翻译为"课程研发"似乎较"课程开发"更贴近原意一些。照此逻辑，"school-based curriculum development"翻译为"学校本位课程研发"更为妥当。只是"校本课程开发"已经成为人们习惯的表达，与其将其改变为"学校本位课程研发"，还不如更为恰当地界定"校本课程开发"的含义。

4. 校本课程与学校课程、选修课程、活动课程

如前所述，汉语中使用"校本课程"一词容易与"学校课程""校定课程""选修课程""活动课程"等相混淆，有必要做些梳理。

前面已经讨论过，校本课程与学校课程实质上同出一义。1996 年 6 月颁发的《中共中央关于深化教育改革全面推进素质教育的决定》中所提的学校课程是一个笼统的概念，与国家课程、地方课程构成一组概念体系。从概念的外延看，学校课程大于校本课程，校本课程属于学校课程的一个组成部分。

也有学者认为，校本课程在促进学生的认知、情感、行为充分发展的过程中，把培养学生的主体意识、合作意识、创新意识和动手能力、交往能力、收集处理信息的能力、发展与解决问题的能力作为重点。所以，它强调学生应在活动中学，注重直接体验和经验积累，反对重理论轻实践、重知识轻能力的倾向。实践性是校本课程最本质的特征。[①] 学科课程与活动课程是学校课程两种基本类型，校本课程属于学校课程总体的一部分，其基本类型自然也可能包括学科课程。只不过学科课程实施的阵地主要在课堂，而校本课程希望为学生提供更广阔的活动空间，课堂以外空间的扩展就成了另一种希望。

作为学校课程的组成部分，校本课程也可能有必修课程和选修课程两种设置方式。只不过，校本课程更多地追求适切性，希望最大限度地照顾学生的选择性。因此，校本课程以选修方式出现更符合校本课程的开发理想，但并不排除校本课程成为必修课程。

---

① 廖哲勋. 关于校本课程开发的理论思考 [J]. 课程. 教材. 教法，2004（8）：13.

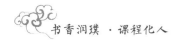

（二）课程编制

目前，有关课程的概念已形成一个庞大的"课程"家族。除了国家课程之外，很多学校课程大多处于碎片化状态，很多课程也存在着交叉、重复，缺乏整合。新课程改革以后，各种各样的课程概念纷至沓来，为此，搭建清晰规范的课程框架首先要明确各种课程的逻辑范畴和界限。依据不同的标准划分，可以有不同的课程范畴。

1. 横向编制

从管理体制来看：有国家课程、地方课程和校本课程三级课程；从课程形态来看：先有学科课程、活动课程、社会实践课程，再有社团课程、环境课程；从学科内容来看，有分科课程和综合课程；从课程任务来看，有基础性课程、拓展性课程、探究性课程；从课程性质来看，不仅有必修课程，还有必选课程、学生自选课程；从课程功能来看，有工具性课程、知识性课程、技能性课程、实践性课程；从表现形式来看，有显性课程和隐性课程之分，显性课程是学校情境中以直接的、明显的方式呈现的课程；隐性课程带有非预期性、非计划性，以非官方的课程形式呈现，具有潜在性；按照获得的知识是直接经验还是间接经验，可以划分为学科课程和经验课程。

2. 纵向编制

（1）"阶梯型"课程

"阶梯型"课程是一种以"目标——成就——评价"为单元组织课程的模式，现在的分科主义课程充分体现了这种模式的特征：单向地、线性地规定了逐级上升的过程，假如踏空一级，便有"坠落"的危险。"阶梯型"课程在目标一元化、过程一元化、实现每一个学习者的成就目标方面显然是有效的。"阶梯型"课程的程序越是精致，课程目标、课程内容、学习活动越是精细地、系统地组织，那么，就越能促进学习的个人主义化和学习结果的序列化。不过，学习者经验和评价过分狭窄划一也是其突出弊端。

（2）"登山型"课程

"登山型"课程的学习观是以杜威的"经验"说、维果茨基（L.S.Vygotsky）的"活动"概念为基础的"建构主义"学习观。

"登山型"课程的特征在于，以重大的主题（山）为中心，准备了若干学习的途径（登山道），即首先预设特定的主题或情境，然后学习者以多种多样的方式与逻辑展开探究性活动，最后表达、交流并共享学习成果的活动。这是一种不仅注重学习结果而且更加注重学习过程多元化、个性化的课程设计。

"阶梯型"课程追求的是"目标的实现"（到达目的地），但在"登山型"课程中，到达顶峰固然是目标，但它的价值还在于登山的经验及登山本身的乐趣。在"登山型"课程中，学习者能够不断开拓视野，过后还可以回味攀登途中的某种经验。而且，只要不选择过分艰险的道路，就不会有"阶梯型"课程中那样"坠落"的危险。目前发达国家倡导的"主题学习""项目学习""问题学习""真实学习""服务学习""体验学习""表现学习"等等，可以说都是"登山型"课程的典型案例。

"登山型"课程的学习观的最大特征就在于打破了传统学习观的二元对立，即打破了具体与抽象、经验与概念、感性与理性、实践与理论的分割。它立足于"开放与生成"的学习观和"对话中心"的教学观，强调"学习"乃是"学习者同客观事物的对话，同教师和同学的对话，同自身的对话"。[①]

（3）综合实践活动

分科主义的"阶梯型"课程是以西欧近代科学所产生的知识为基础的，近代科学把自然、社会、文化现象加以细分并借助限定对象的实验与观察，获得了客观知识，他们相信"整体等于部分要素之和"。20 世纪 60 年代到 20 世纪 80 年代思维、认识和价值的范式转换，引出了对科学主义的批判：整体不等于部分之和——"即便重构被分解了的要素也并不等于原来的整体"。这种"批判"的理

---

①佐藤学.学习的快乐——走向对话 [M]. 钟启泉，译.北京：教育科学出版社，2004：38，40.

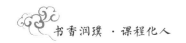

念隐含了"综合实践活动"课程的本质。

柏拉图（Plato）的"一元论"哲学把世界分为"感性世界"和"理性世界"，他认为"感性世界"是变化无常的不真实的世界，"理性世界"才是唯一真实存在的世界。一个不争的事实是，柏拉图以来的理性主义思想影响了整个西方哲学传统，也深深影响了传统的分科主义课程。

在 2001 年启动的国家基础教育课程改革纲要里，"综合实践活动"被赋予新的课程责任和历史使命。它属于国家规定、地方督导、学校开发的课程，具备国家的法定课程地位，但具体的时间、内容、方式、评价属于学校课程领导。

2017 年教育部颁布的《中小学综合实践活动课程指导纲要》（以下称《纲要》）中对"综合实践活动"的定义为"综合实践活动是从学生的真实生活和发展需要出发，从生活情境中发现问题，转化为活动主题，通过探究、服务、制作、体验等方式，培养学生综合素质的跨学科实践性课程。"《纲要》中强调，综合实践活动以培养学生综合素质为导向，课程开发面向学生的个体生活和社会生活，课程实施注重学生主动实践和开放生成，课程评价主张多元评价和综合考察。

"综合实践活动"正是立足于"整体主义教育"和"一元论哲学"，主张张扬人性，强调"德智体"与"知情意"的和谐发展，关注"理性主义"和"非理性主义"的交融，基于"登山型"课程编制模式，以旨在解决现实问题的跨学科研究为基础的一种课程生产模式。

所以在校本课程开发过程中，"综合实践活动"作为活动课程的特殊形态，在校本课程开发过程中显得尤为必要和重要，借助"综合实践活动"的设置，我国的基础教育课程将不仅有"学科课程""综合学科课程"，而且有超越学科界限的跨学科的"综合实践活动课程"，可以真正实现分科与综合并举的课程结构；"综合实践活动"的实施将彻底改变课堂教学的面貌和学生的学习方式。

（三）课程体系开发实质

1. 立德树人，以生为本——适合的教学

国家教育方针、素质教育战略要求与学校育人目标具有内在的一致性，实际都是在回答"培养什么人"的问题。因此学校要培养什么样的人，才要开设什么样的课程。应始终把立德树人作为课程体系建设的出发点和落脚点，站在整体育人的高度来构建学校课程体系。

学校是课程开发的现场，学校拥有课程开发的责任和权力，学校同时也有自身的现实性。在多大范围采取什么方式和策略开发课程，均需要从学校的历史基础和现实条件出发。

北京师范大学（珠海）附属高级中学是珠海市人民政府委托北京师范大学管理的一所全新模式的公办高中，2006 年 5 月 18 日，珠海市市政府与北京师范大学签署委托管理协议，9 月 1 日正式开学。2010 年，通过珠海市一级学校的评估验收；2011 年，通过广东省一级学校的评估验收；2012 年，通过广东省国家级示范性高中终期验收。2013 年 8 月，开始承办内地新疆高中班，招收"民考民"类新疆学生。

北京师范大学（珠海）附属高级中学地处广东省珠海高新区——珠海大学园区核心，毗邻中山大学、北师大珠海校区，得历史文化名镇——唐家湾之灵气，建校十余年，是珠海基础教育学校中的后起之秀，受招生生源限制，执着问道于成绩恐违背了课程体系研发的初心，也不符合习总书记新时代深化教育改革的精神。

2018 年 9 月 10 日教师节，全国教育大会在北京召开，习近平总书记出席会议并发表重要讲话，总书记强调，要深化教育体制改革，健全立德树人落实机制，扭转不科学的教育评价导向，坚决克服唯分数、唯升学、唯文凭、唯论文、唯帽子的顽瘴痼疾，从根本上解决教育评价指挥棒问题。

深化课程改革需要落实"以人为本","个性化教育"是教育内在的、本质的终极追求。要求充分尊重每一个学生的个性特点，并使个体得以充分地发展，这也是顺应时代潮流的一种人文思想。基于此，我校的教学理念是"适合的教学"，学生是生命的人，是生成的人，是生活的人，满足学生的学习需求促进其个性化发展，促进有意义学习的发生，是校本课程开发的根本出发点。

2. 践行理念，彰显办学特色——"春风不择物，远近一同仁"

校本课程开发是学校依据国家课程计划预留的时间和空间，进行学校自己的课程开发。其根本目的是让学生的个性得到充分的发展，促进学校特色发展。课程体系建设的逻辑起点是育人目标，而育人目标的上位是教育理念和办学理念。因此，明确学校的办学理念、评估和分析学校需求是关键。

我校在坚持"书香润璞"的教育主张和"春风不择物，远近一同仁"的教育情怀下，以培养"具有家国情怀和世界视野的现代青年"为育人目标，力争实现"读书修己 兼济天下"的教育理想。在践行四大办学理念的同时，围绕提升学生核心素养，以师生需求、学校发展以及未来社会对人才素养的要求作为开发校本课程的依据，按"开放、前瞻、多元、实效"的课程要求，初步形成了我校校本课程体系建设的思路：在课程的选择实施上，以需求分析为依据，对有利于提高学生综合素养和学校培养目标的课程必开必选，对体现个性特色的课程必开选学；在课程形式上，体现教师即课程、课程即体验、时时处处有课程的大课程观，坚持实行活动课程化和课程活动化策略，让综合实践活动和其他校园体验和经验（校园生活）成为课程，从而使活动更有目的性，让课程结合活动从而使课程更加生动有效。

在课程类别上，坚持全面性，既要考虑学校培养目标要求，还要考虑学生全面个性成长需要，以课程内容为逻辑基础进行课程统整分类，形成了6大课程群；在课程开发队伍上，以课程开发为中心，以各个部门处室教研组为开发团队，以一线教师为主力，依托学校、社群、地区现有资源，实施校本课程的开发，构建学校课程体系。在课程评价上，坚持多渠道、重过程的发展性评价。

3. 统整与生成，分科与综合并举——开放、前瞻、多元、实效

长期以来，人们执着地膜拜科学的祭坛。后现代主义课程观代表威廉·多尔呼吁，我们也应该尊重故事与精神。他说："我相信，我们正不可改变、无可逆转地步入一个新的时代，一个后现代的时代。这一时代尚且过新，无法界定自身，或者说，界定的概念过于狭窄，无以表达后现代性。当我们向这一时代前行之时，我们需要将'科学'（science）的理性与逻辑、'故事'（story）的想象力，以及'精神'（spirit）的感觉与创造性结合起来，这就是'3S'。"多尔描述到，课程是生成的，而非预先界定的；是不确定的，但却是有界限的。[①]

美国在二十世纪三四十年代展开了声势浩大的经验主义"综合课程运动"，该运动的理论指导者之一霍普金斯（Hopkins）认为，要改变传统教育的弊端就得寻找一条使分科课程一步一步迈向综合课程的道路。"学科统整"不仅仅是一种课程的设计方式，也涉及知识论与课程观的差异。基于后现代主义课程观，在当今时代，构筑"跨学科课程"或"学科交叉课程"的研究，是课程设计的崭新的前瞻性视野，也是课程体系建构必须要考虑的内容之一。

2017 年教育部印发《中小学综合实践活动课程指导纲要》（以下称《指导纲要》）指出，高中阶段的具体目标是："通过自觉参加班团活动、走访模范人物、研学旅行、职业体验活动，组织社团活动，深化社会规则体验、国家认同、文化自信，初步体悟个人成长与职业世界、社会进步、国家发展和人类命运共同体的关系""能持续地参与社区服务与社会实践活动，关注社区及社会存在的主要问题，热心参与志愿者活动和公益活动，增强社会责任意识和法治观念，形成主动服务他人、服务社会的情怀，理解并践行社会公德，提高社会服务能力。""能对个人感兴趣的领域开展广泛的实践探索，提出具有一定新意和深度的问题，综

---

① 小威廉姆·E. 尔. 后现代课程观 [M]. 王红宇，译. 北京：教育科学出版社，2000：中文版序、原编者序（英文版）Ⅳ，248-261.

合运用知识分析问题，用科学方法开展研究，增强解决实际问题的能力。""积极参与动手操作实践，熟练掌握多种操作技能，综合运用技能解决生活中的复杂问题。"《指导纲要》突出强调综合实践活动课程以下几个基本属性：第一，它是义务教育和普通高中课程方案规定的必修课程；第二，它是跨学科实践课程，注重引导学生在实践中学习，在探究、服务、制作、体验中学习，分析和解决现实问题；第三，它是动态开放性课程，强调从学生的真实生活和发展需要出发，选择并确定活动主题，鼓励学生根据实际需要，对活动过程进行调整和改进，实现活动目的。课程实施不以教材为主要载体，不是按照相对固定的内容体系进行教学。在这一点上，与学科课程也有显著差别。

为此，统整与生成、分科与综合并举的课程设计举措是落实国家层面教育方针的必由之路。

方案规划篇

一、"润璞"课程体系建构规划

依据《基础教育课程改革纲要》精神，综合学生升学及终身发展需求、教师及学校特色发展和多元办学元素等因素，基于我校核心价值观与四大教学理念，特制定了六维三阶"润璞"课程体系结构，致力于构建"开放、前瞻、多元、实效"的立体课程群，充分体现学校课程规划的哲学理念和办学特色。

"六维"即学校统整课程内容、方法和学生生活经验，统整学科，践行"时时处处有课程"之大课程观，整合为面向全体学生的基础类六大课程群——学科拓展、身心修养、人文艺术、工程科技、生活技能、民族融合；"三阶"为我校课程建设发展历经的三个阶段，第一阶段即基础型六维课程群；第二阶段即综合实践活动课程，二期课程是一期课程群的丰富和深化，是全体教师努力精进的方向；第三阶段即项目学习统整日课程，项目学习是未来教育发展的趋势，也是我校未来课程发展的理想愿景，部分课程已经呈现出了深度项目学习的踪影。

六维与三阶的构建根植于我校"书香润璞"的"润文化"之中，是"润璞"课程体系的一体两翼，在"春风不择物，远近一同仁"的教育理念之下，第一阶段六维课程群建设着力于全校学生的发展，有教无类，实现每一个学习者的成就目标，是满足全体学生学习需要的课程。第二阶段综合实践活动课程与第三阶段项目学习统整日课程，不仅面向全体和群体，更针对学有余力的个体学生，讲究公平的同时不忘追求卓越，力求人人都能接受适于其自身需要与特点的教育，也体现了古先贤孟子所说的君子三乐之"得天下英才而教育之"的希望，是我校"适合的教学"这一教学目标的具体体现。不同阶段课程设计面向学生层次不同，不仅可以实现教育机会均等，还有助于实现我校培养"具有家国情怀和世界视野的现代青年"的育人目标和"读书修己，兼济天下"的教育理想。

北师大（珠海）附属高级中学
"润璞"六维三阶课程体系

（一）一期规划——基础型六维课程群

我校的课程体系设计一期规划将学校分科课程按同一科目内部各项具体内容之间的关联横向组织起来，同时引进传统学科领域中没有的内容和组织形式，践行"时时处处有课程"之大课程观，将各种丰富多彩的教育内容纳入课程体系，整合为面向全体学生的基础类六大课程群——学科拓展、工程科技、生活技能、身心修养、人文艺术、民族融合，旨在突出共同核心课程的设计，突出学习领域和模块设计，旨在建构系统性结构性知识，发展学生的低阶认知能力——记忆、理解、运用；属于"阶梯型"课程编制模式——以"目标——成就——评价"为单元组织课程，面向全体学生，旨在实现每一个学习者的成就目标。

2014 年教育部研制印发《关于全面深化课程改革落实立德树人根本任务的意见》，提出"教育部将组织研究提出各学段学生发展核心素养体系，明确学生应具备的适应终身发展和社会发展需要的必备品格和关键能力"。2016 年 9 月 13 日上午，中国学生发展核心素养研究成果发布。

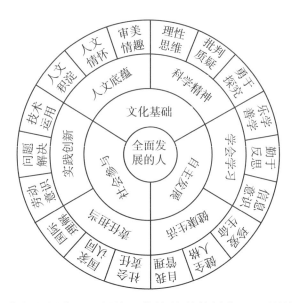

课程群六个维度的划分，不是按照传统的学科划分，而是课程的重新整合和横向组织，打破了学科界限和传统的知识体系，当然，各课程群之间的边界不是刚性的、僵化的，而是软性的、互通的。不同课程群聚焦的学生发展核心素养有所不同，诸如学科拓展课程群聚焦各传统学科基本素养；人文艺术课程群聚焦人文底蕴核心素养；工程科技课程群聚焦实践创新和科学精神核心素养；生活技能课程群聚焦学会学习和实践聚焦核心素养；身心修养课程群聚焦健康生活和责任担当核心素养；民族融合聚焦责任担当核心素养。

六维课程群与中国学生发展六大核心素养

第一阶段课程建设强调基础性——基础课程不是成"家"的教育，而是成"人"的教育，是满足全体学生发展需要的课程。

校本课程开发的六维课程群只是代表我校在初期发展十余年时间段内校本课程开发的成果，其内容是相对稳定的，但这并不意味着校本课程的内容就是固定不变的，而是可以在实践中不断进行更新和充实，教师作为开发课程的主体，在实践中不断调整改造课程内容的针对性和适切性，并不断创生新的课程内容，也是校本课程开发的应有之义。

润璞一期六维课程群概览

	工程科技	生活技能	身心修养	人文艺术	民族融合	学科拓展
一期六维课程群	化学与生活	舌尖上的润园	品茶悟人生	成语大观园	英语戏剧欣赏和表演	政治学科关键能力提升
	APP Inventor手机应用制作	消费心理学	演讲与口才	文言文典故	旅游地理	热点地理探究
	3D建模设计	理财与生活	语言的魅力	书法		古诗文鉴赏
	科学发现微电影创作	生活的小窍门	我的大学	版画		高考数学建模班
	机器人	学生公司	密档揭密	油画		英语专项提分计划
	神奇的微生物	粤语学习与推广	园艺心理乐园	沙画		物理基础班
	动物行为研究		物理生涯规划—职场体验课	演员的诞生		化学思维建模与基础巩固
	程序设计		排球基础	诸神之战（古希腊神话故事）		数学基础班
	图形图像处理		篮球特长班	合唱训练与表演		用信息技术探究数学问题
	图形计算器		乒乓球特长班	流行歌曲与高中语文		数学提高班
	动物行为研究		足球技巧	管乐		物理提高班
	微电影拍摄与制作		羽动人生	舞蹈形体课		数学竞赛与建模
	趣味物理之天马行空		国际象棋	英语电影配音		数学解题方法
	程序设计		围棋	英语戏剧欣赏和表演		数独游戏

续表

	几何画板软件的学习与应用		生涯规划	TED Talks—演讲的力量		初高中数学衔接
一期六维课程群			高中女生养生课	英语原著阅读与翻译		美文欣赏与短文改错
			辩论的艺术	英美名人		
			网球特长班	那些《诗经》中的美好形象		
			田径与定向越野	宋词名篇赏读		
			怪诞心理学	《三国志》研读		
			我是公民	《红楼梦》选读		
				中国现代短篇小说欣赏		
				现当代诗歌欣赏		
				童话演绎		
				科幻文学欣赏		
				润园读诗会		
				影视摄影与制作		
				《庄子》选读		
				日语入门		
				法语入门		
				日语高考班		
				国学讲座		
				近体诗创作入门		
				武术		
				街舞		
二期综合实践活动	生涯教育	模拟联合国	乐助蓝天	澳州黄金海岸研学	龙狮文化与龙狮表演	
三期项目学习	蜜蜂世界	基于STEM理念下的高中生物探究实践	一个APP的诞生	基于Arduino的创客项目		

（二）二期规划——拓展型综合实践活动课程

课程体系建设的第二阶段为拓展型综合实践活动课程，模糊了学科和课程群边界，由第一阶段面向全体学生的基础型课程群上升为面向群体学生的拓展型"登山式"综合实践活动课程。

在第二阶段拓展类课程中，整个课程学习活动都由师生共同参与，以个人或小组的形式展开探究，与第一层级业已结构化了的学科课程不同，探究型综合实践活动课程没有现成的答案，重视学生的主动建构，课题的答案是随着探究过程的展开逐渐浮出水面的，属于"登山型"课程编制模式，着力发展学生的高阶认知能力——分析和评价，强调知识的动态生成。

第一层级面向全体学生的基础型课程群致力于发展学生的核心素养，然而学生的核心素养也不是简单直地接由教师教出来的，而是在问题情境中借助问题解决的实践逐渐培育起来的。一些高阶认知能力比如"运用知识""创新知识"的能力是难以借助教学训练获得的。学生的这种能力是在需要尝试、需要思维和沟通的必然性的某种问题情境中通过合作性的协同学习培育起来的。

综合实践活动课程强调能动性与个性化——基础教育不能仅仅满足于低阶认知能力，需要在低阶认知能力的基础上发展高阶认知能力，强调学生的能动的学习力。认知能力金字塔告诉我们，低阶认知能力与高阶认知能力不是二元对立的，高阶认知能力是从低阶认知能力上发展起来的。生存于 21 世纪的人们应当立足于基础知识，获得高阶认知能力，并借助丰富的认知与思维能力，能够发现意义、建构并运用知识。此时的综合实践活动课程是动态发展的过程。"教师、学生、共同体的成员浸润于某种情境活动之中，建构共同理解之时所产生的学习"，或可称为"有意义学习"（meaningful）或"深度学习"（deep learning），这也是综合实践活动之项目学习课程设计的初心。[1]

---

[1] R.K.Sawyer. 学习科学指南: 促进有效学习的实践／协同学习(第二版第 2 卷)[M]. 大岛纯，等，主译. 京都：北大路书房，2016：22.

认知能力金字塔 ①

学校发展十余年，课程开发已经从一期逐渐向二期过渡，在我校校本课程中以"英语戏剧社""模拟联合国""3D 建模与设计"" 基于 Arduino 的创客项目学习""一个 APP 的诞生"等课程为代表，这部分"先锋"课程已经彰显了跨学科的主题学习和情境学习的特点，师生在共同决定和重建学习框架时，业已形成了一套相对成熟的师生探究模式。当然，这种探究型课程模式是课程改革的必经之路与理想愿景，也是我校全体老师共同努力的课程目标。

（三）三期规划——探究型项目学习统整日课程

第三层级为课程规划的顶层设计，三期规划的课程不仅关注全体和群体学生，还关注少数英才学生，是一种追求卓越的课程模式，寻求公平与优质兼得。这是我校课程规划的三期目标和美好愿景。

今天，在世界范围内最核心的教育目标逐渐聚焦到诸如 4C 这样的目标上来：

批判性思维与问题解决（Critical Thinking & Problem Solving）

创造性思维与主动学习（Creativity & Active Learning）

交流与合作（Communication & cooperation）

跨文化理解与全球视野（Cross-Culture Understanding & Global Awareness）

①翻转课堂研究会 . 翻转课堂改变教育未来 [M]. 东京：明石书店，2014：39.

这样的目标反映了当下和未来社会对人的期待以及在真实而复杂的环境中人的思维方式、行动能力与态度价值观的培养方向。在不同的国家和组织机构中，这些核心方向被统称为素养（competences）或者是 21 世纪技能。我国也在 2016 年 9 月发布了中国学生发展核心素养。这些趋势都指向了要在现有的课程体系中容纳一种跨学科的、与真实世界有关的、项目制的课程——跨学科项目学习。

Project-Based Learning，简称 PBL，目前在国内有多种不同的翻译名称，如"项目化学习""项目学习""基于项目的学习"等。本规划采用"项目学习"这一概念来阐释三级课程。近些年来随着全球范围内素养研究和实践的深入，项目化学习作为培育素养的一种重要手段得到了新的发展和实践。夏雪梅博士项目化学习实验室将项目化学习界定为："学生在一段时间内对与学科或跨学科有关的驱动性问题进行深入持续的探索，在调动所有知识、能力、品质等创造性地解决新问题、形成公开成果中，形成对核心知识和学习历程的深刻理解，能够在新情境中进行迁移。"[1]

贾可布（Jacobs）将统整课程分为学科、平行学科、多学科、科际整合、统整日、完全课程，并将统整课程界定为：它有意识地应用不同学科的方法论与语言共同检视一个真实世界的议题、主体或情境。[2]

统整日方式是以学生在世界中的主题式问题为入手点而设计的整天课程，整个课程都是以学生为重点，在学生取向的学习下，各科在同一时段内（为期数天、数星期甚至是一个学期）探究与主题相关的课程。[3]师生可以根据项目的长短对课程原有的时空组织结构进行重新调整和设计。

OECD（The Organizationg for Economic Cooperation and Development，以欧洲国家为主要成员的经济合作与发展组织）指出，在 OECD 所属的国家当中，义务教

---

①夏雪梅.项目化学习设计：学习素养视角下的国际与本土实践 [M].北京：教育科学出版社，2018：10.

②李臣之.校本课程开发 [M].北京：北京师范大学出版社，2015：155，316.

③李臣之.校本课程开发 [M].北京：北京师范大学出版社，2015：155，317.

育中的弹性课程，在小学有 6%，中学则有 7%，在这些弹性课程当中，学生和教师有充分的自由去选择他们自己想要上的课程或是教的课程。捷克和荷兰的中小学义务教育中，则允许 100% 的弹性课程。在捷克，所有的中小学可以决定所有的义务教育课程时间，让每一位学生在其学年中参与课程的计划与实施。在荷兰，每一个课程都有其目标，但是学校有自由的选择权去决定要花多少时间在该课程上，学生对于学习课程拥有充分的自主性。在澳洲，弹性课程在中学占比为 46%……[①]

综合欧美国家的课程安排可见，在弹性课程实施方面，时数和比率不尽相同，但欧美国家近几年来在教育改革方面，已经慢慢由重视正式课程转而强调弹性课程的重要性，希望通过弹性课程的组织和安排，为学校教育系统提供更多的弹性空间。

因此，想要提升学校课程实施成效与学生成效，当务之急在于让学校拥有更大的课程与教学方面的自主性和独立性，从而进行深度学习即项目学习，此为校本课程计划、实施、发展、评价等自主的最大佐证。

三期规划的课程是在二期综合实践活动课程基础上分出项目学习的子课程，隶属于"登山型"课程编制模式，与二期规划不同的是，项目学习虽然是综合实践活动课程的一种组织形态，但二者的学习深度不同，综合实践活动课程可以理解为浅项目学习，是对具体内容（主题）的汇聚，而三阶的项目学习其实是一种深度学习，它促进学生对知识的迁移和深度理解。此外是课程组织结构不同，综合实践活动课程是多学科的课程结构，各个学科围绕主题组合在一起，但各学科依然独立，就像一盘水果沙拉，借助某一主题来完成本学科的任务和活动。而项目学习是综合不同学科达成不可分割的深度理解，就像一杯由各种水果混合打成的果汁。

所谓"问题驱动学习"，一些跨学科的本质性问题常常指向人生、社会的本

[①]李臣之. 校本课程开发 [M]. 北京：北京师范大学出版社，2015：155，316.

质性问题，而这些问题都是需要争论思辨的，不能在一节课上马上回答，也很难用简单的话语来回答。"一个项目学习可能仅仅解开本质问题的冰山一角，但这一角就像一个导火索，使问题具有开放性，常论常新，且并没有标准答案。"[1] 而且驱动性问题本身直接影响了项目学习的实践过程和结果，驱动性问题不同，项目学习的结果可能大相径庭，这就是师生协同的开放的一种学习经验。夏雪梅博士团队选择用马扎诺（2015）的学习维度框架来阐述认知策略，马扎诺具体描述了六个方面的高阶策略：问题解决、创见、决策、实验、调研和系统分析。[2] 项目学习课程着重发展卓越学生的高阶学习策略，用高阶学习包裹低阶学习，它对学校整体以分科课程及课程群为基础的课题体系是一种有益的丰富，借鉴国家的课程改革经验与趋势，新课程高度关注学生学习过程中的实践经历，强调学生通过探究性学习活动或完成工程学任务，加深对学科概念的理解，提升应用知识的能力，培养创新精神，能够将科学、技术、工程学和数学（STEM）知识和能力综合运用在实践活动中，设计方案，解决现实生活中的实际问题。

我校的"蜜蜂世界""基于 STEM 理念的高中生物探究实践"等课程均呈现项目学习的踪影。我们认为，在时空上以"统整日方式"呈现的弹性课程、在内容上以"项目学习"呈现的综合实践课程是新课程改革发展的必然趋势。

---

[1] 夏雪梅. 项目化学习设计：学习素养视角下的国际与本土实践 [M]. 北京：教育科学出版社，2018：54.

[2] 夏雪梅. 项目化学习设计：学习素养视角下的国际与本土实践 [M]. 北京：教育科学出版社，2018：63.

课程阐释篇

一、刀尖上的艺术——版画（秦芳）

（一）课程背景

版画作为现今美术四大画种之一，最早是在中国出现的，作为传统文化的一部分，经过多年的发展，版画从最早的以刀代笔在木板上经过画、刻、印等多道程序进行作品的创作，到今天已经呈现出多元化的发展，并在美术教育课程开展方面进行得如火如荼。其一，板材的可选择性多达数十种，除去传统的木材、胶质板材、石材、纸质板材、铜、锌等，还有新型的树脂板、数码板等；其二，印制的方式也有新的变化，在传统的凹、凸、平、漏的基础上，新加入的综合版画的创作印制方式带来了新的创作乐趣。其三，在学科教学、学科融合方面具有独特的优势，高中生经过一定课程的学习之后，版画创作可以达到比较专业的水准。在开展常规课程的基础之上，版画中的藏书票可以结合新型的材料橡皮章、热缩片等，开展以美术为核心的 STEAM 课程，促进版画课程的长足发展。

（二）课程价值理念

版画课程的开展要传承我国优秀传统文化、习俗，并且融合现代艺术和西方绘画的观念、方法，在结合本校特点的基础上，秉承核心素养，实现版画品牌教学，落实以美育人的课程理念。

（三）课程价值目标

在"春风不择物，远近一同仁"校园教育情怀之下，确立了"春风不择物，远近一同人"的课程目标，努力做到校内师生人人懂版画，人人会版画。为全面提升学校艺术教育的质量开辟切实可行的路径，形成学校艺术特色教育和艺术教育品牌。

（四）课程实践案例及解决方案

以版画社团建设、实践活动和版画校本课程"三位一体"的模式展开，经过近十年的实践，版画特色课程完成了模块化和品牌化发展，版画特色成果丰硕。

1. 首先开展版画普及系列课程

重在面向全体学生普及版画文化，以版画活动的形式开展。

邀请多位在国家、省、市有影响力的专家为全校师生开展生动有趣的终生有益的版画课，引起学生的兴趣。

年级		课程内容	版画主题活动	学时
高一	上学期	版画主题活动	版画和戏剧、心理相结合的活动	10
	下学期	藏书票的形与色	藏书票慈善活动	10
高二	上学期	木刻版画版画黑白转换	"我要变变变"活动	10
	下学期	综合版画实践	校园版画艺术节	10
高三	上学期	版画创作：如何成为艺术家	观摩，参与版画活动	10
	下学期	版画欣赏：艺术家不是木桶	赏板版画作品	10

图一：全校普及课程表——以活动为主

2. 回到课堂进行版画专业提升

我们根据高中学生的身心特点，合理安排各个年级的课程内容，循序渐进，课程以模块化和系列化呈现。

例如：在"木刻：传承文化"模块，用版画的形式去我国传统文化中汲取营养；"木刻、纸版：现代生活"模块，用版画的形式去关注生活，关心社会中当下正在发生的大事件。

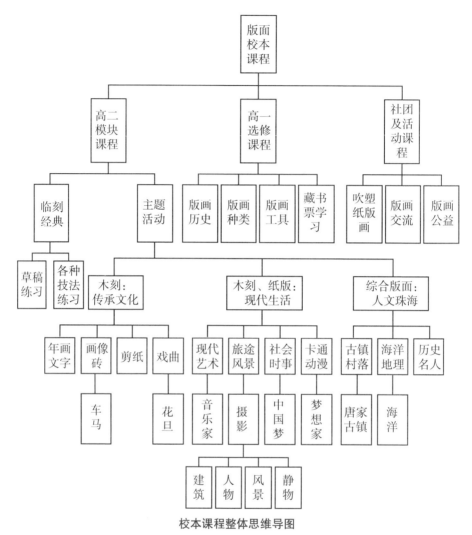

校本课程整体思维导图

"传承文化"模块作品《戏曲人物》
2019 年 1 月广东省教育厅第六届中小学艺术展演一等奖

"社会时事"模块作品《中国梦》
2016 年 1 月广东省教育厅第五届中小学艺术展演一等奖

我们秉承核心素养，设置生活情境，坚守美术学科的立科之本——塑造并表现典型的视觉形象，还开设有"画像砖""剪纸""年画""旅途风景""卡通动漫""古镇村落""现代艺术"等系列课程。每周 2 个课时，将版画艺术与生活实践相结合，课程的设置尽可能地生活化、现实化，让学生面对复杂的情境，真正针对现实问题展开思考，并在这个过程中，去培养创新思维能力和合作能力。

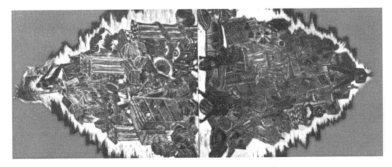

"现代艺术"模块作品《7 印象》
2011 年 1 月广东省教育厅首届中小学版画艺术展演一等奖

"动物"系列主题作品

"古镇村落"模块作品《母亲》
广东省文化厅第十四届美术、书法、摄影作品大赛优秀奖

3. 课程实施标准

以三张具体的课程表为主导,采取系列的课程实施举措和标准,如"小组责任制""生生教学模式""课堂激励制""多元评价"和"建立档案袋"等,为学生搭建展示平台的同时,达成课程目标。

积极搭建展示平台
2019 年 3 月珠海市中小学版画比赛

积极搭建展示平台
2016 年 12 月我校举办珠海市美术作品展览

（五）实践案例效果

　　2010 年版画选修课学生的课堂作品分别获得了省、市金奖，版画课就一直在坚持开，并且慢慢进入常规课堂。2015 年版画被确立为市中小学特色项目正式全面铺开，2017 年通过项目验收，截至目前有近 6000 人参与版画课程学习，创作版画作品近 2000 幅。版画特色课程工作室迎接国内外同行的参观和学习交流达 70 批次，学生版画作品代表省、市赴芬兰、澳大利亚等各国进行文化交流，多家媒体和杂志对我校版画特色课程进行报道，起到很好的示范和引领作用。

　　师生成果颇丰，如 2015 年–2017 年申请版画类教育部、省级、市级课题研究并已经立项三项课题，结题两项，教师参与相关课题共计七项；自主编著校本教材一套，共计四本；2015 年正式通过市教育局校版画特色项目培育，2017 年正式验收通过；2015 年 12 月，"学生版画作品展"在珠海市图书馆举行，展出版画作品近 400 件；2016 年挂牌成立珠海市中小学版画工作室；2017 年 12 月我校被评为广东省首批艺术特色学校，版画特色排名第一并通过验收检查；2018 年版画社团先后被评为珠海市优秀社团、广东省优秀社团；2018 年，版画特色课程代表我校参加了第四届中国教育创新成果公益博览会，2010 年–2019 年辅导学生获得的国家级和省、市级教育部门等相关部门金奖 20 多项，银奖 30 多项，铜奖 10 多项，其中一些学生的美术作品经过层层筛选，连续多次获得三年一届的广

东省中小学艺术展演一等奖，教师多次获得优秀辅导教师奖。

接下来会坚持做好版画特色课程，全面推进学校版画教育，塑造美育教育品牌。

我校版画课程荣获全国第六届中小学艺术展演比赛一等奖

二、指尖上的数学——TI图形计算器绘图（吴爱国）

（一）课程核心概念

图形计算器：TI-Nspire CX CAS图形计算器作为计算器的高端产品（美国德州仪器公司生产），它不仅是一个可以求值作图的计算器，更是一个真正意义上的数学工作室。它具有良好的符号代数系统、几何操作系统、数据分析系统、程序应用与拓展系统等。它可以直观地绘制各种图形，并进行动态演示、跟踪轨迹，解决数学问题和进行数学实验，是一个可以随时随地探索科学的流动实验室。

北师大（珠海）附中TI图形计算器绘图社成立于2018年，该社现有带队教师3人，学生成员24人，社团成员致力于在课余时间钻研TI图形计算器的各项功能，以深度辅助数学学习，并使用图形计算器及所学数学知识创作精美TI绘图作品。该社是广东教育资源公共服务平台《双融双创》栏目可视化教学社区所属的16个省级社团之一。

（二）理论探索

数学的教育价值关键在于体会数学的科学价值。数学的科学价值，是指数学对自然科学的产生与发展的作用和意义。数学科学价值的核心可以简述为以下三个方面：知识范畴的核心：将世界数学化——循系统（解决问题、新生新学科），即同化；思维范畴的核心：将数学泛化——循思维（新生新数学、新科学），即顺应；"核心"的核心：数学符号的变换，它是数学在以上两个范畴上的

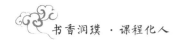

应用。

落实数学的教育价值的根本是体会数学的应用。首先要重视数学知识与思维方式的应用，目前的现状是数学即做题，结果导致数学无趣；其次要重新理解数学的应用，以应用的观点看待教学中的数学知识巩固，以应用的观点看待教学中的新数学知识的建立，不因考试将数学变为"魔术"，要抛弃数学中的"茴香豆"，在教学中使用数学工具，搞真应用！

计算机在数学中起着"人脑的延伸"的重要作用。中学数学教学过程中技术的使用至少有两个主要目的，一是帮助学生理解数学事实、数学理论；二是帮助学生学会使用信息技术工具解决数学问题。从教育的角度来看，前一类目的是为后一类服务的。在一些以辅助教学为先导的数学课堂内，考虑辅助教学多，考虑作为数学工具的使用方法少。我们采用图形计算器这一手持教育技术，借助数学实验的手段，将更好地实现数学教育价值在中学阶段的落实。

数学实验应能在进行实测实验后进行一些数学猜想或解决实际问题。其教育目的是应用意识，培养兴趣，培养解决实际问题的能力，同时借助数学实验促进各学科之间的联系。在数学实验中，计算机的引入和数学软件包的应用，为数学的思想与方法注入了更多、更广泛的内容，使学生摆脱了繁重的乏味的数学演算和数值计算，促进了数学同其他学科之间的结合，从而使学生有时间去做更多的创造性工作。[①]

图形计算器进入了中学数学实验之后，在信息技术的参与下，运算能力的内涵发生了改变。运算能力已经不单纯是指计算的正确、熟练的程度，应更讲究解题的途径，着重从各种不同的角度去思索、获得问题解决的途径。[②]

---

①章建跃，A版数学教材的改革与创新 [J]. 试教通讯 .200（4）.

②王长沛，图形计算器与中学数学活动案例选 [M]. 北京：北京大学出版社，2000：45.

（三）课程建设

1. 课程的安排

2017–2018 学年度黄晓、吴文开设《TI 图形计算器与数学》选修课。

2018–2019 学年度吴爱国、李建波、王术江、吴海飞、张祥开设《高中数学问题探究》选修课。

2019–2020 学年度吴爱国、李建波、王术江、吴海飞、张祥开设《利用信息技术探究数学》选修课。

2. 校本教材

吴爱国、李建波、王术江老师编写《TI 图形计算器实验手册》教材。

3. 图形计算器微课

吴爱国老师录制《TI 图形计算器实操技术》微课共 13 章 166 节，分享在广东省教育双融双创智慧共享社区、B 站等网络平台。

4. 微信公众号

"高中数学探究实验室"微信公众号，是我校数学组于 2016 年 9 月 13 日创办的，至今为学生服务三年多，《TI 图形计算器绘图》课程的微课，绘图作品等成果均发布在该公众号上。

（四）课程结构

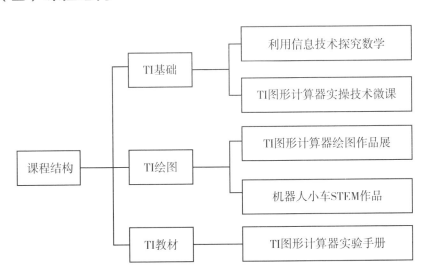

（五）课程成果

1.TI 图形计算器绘图社成员绘制作品及获奖成果

2018 年"Math Idea–TI 数学绘图"比赛获奖一览表			
序号	姓名	作品	获奖
1	练光裕	滑稽	数学创意设计奖
2	吴爱国		最佳数学创意辅导教练

2019 年 TI 教育科技创新大赛（编程与 STEM 作品）获奖一览表							
序号	姓名	作品	获奖	序号	姓名	作品	获奖
1	练光裕、梁倍彬	《圣诞树》	一等奖	3	练光裕、梁倍彬	《正六边形》	一等奖
2	练光裕、梁倍彬	《五角星》	一等奖	4	练光裕、梁倍彬	《铃儿响叮当》	一等奖

2019 年 TI 教育科技创新大赛（绘图与动画）获奖一览表							
序号	姓名	作品	获奖	序号	姓名	作品	获奖
1	阿尔曼江·阿卜来提	平安夜	一等奖	15	周志琪	变形金刚—狂派 Decepticon	二等奖
2	阿尔曼江·阿卜来提	最亮的五颗星星	二等奖	16	周志琪	风铃	二等奖
3	阿尔曼江·阿卜来提	校徽	二等奖	17	廖春秀	bear	二等奖
4	阿尔曼江·阿卜来提	小萝莉	二等奖	18	吴梓蕾	六芒星	二等奖
5	艾山江·艾买提	吉他	二等奖	19	练光裕	笑脸	二等奖
6	梁倍彬	太极八卦	二等奖	20	练光裕	七彩人生	二等奖
7	梁倍彬	烟花	二等奖	21	戴梓杰	迷你电视机	二等奖
8	梁倍彬	随心所欲	二等奖	22	林雯雯	会变脸的凯蒂猫	二等奖
9	王者风	钟表	二等奖	23	黄浩轩	上帝之眼	二等奖
10	王者风	弹簧投篮	二等奖	24	陈昱彤	红玫瑰	二等奖
11	王者风	电与电器	二等奖	25	莫彩颖	欣欣向荣	二等奖
12	严元杰	五彩大风车	二等奖	26	范晃瑞	午后的阳光	二等奖
13	马骞	旭日东升	二等奖	27	王凌婕	繁花曲线	二等奖
14	吴均益	Legend of Zelda	二等奖	28	李思强	天体运行图	二等奖

29	李想	雨伞	三等奖	33	孟令辉	大白	三等奖
30	罗文聪	小猪佩奇	三等奖	34	哈丽但·亚森	可爱的大熊猫	三等奖
31	林梦新	乔治	三等奖	35	吴嘉玲	惊愕的喵咪	三等奖
32	张文瑜	会跳舞的小人	三等奖	36	吴爱国		最佳辅导教师

2. TI 图形计算器教研活动

2019 年 11 月 8 日，广东省袁长林名师工作室成员、广东省高中数学骨干教师研修班成员、北京师范大学珠海校区应用数学学院 2019 级数学学科教育全体硕士研究生莅临我校，吴爱国教师做了 TI 图形计算器技能培训和 TI 图形计算器成果展讲座。

2019 年 11 月 28 日，珠海市高中数学信息技术培训活动在我校召开，吴爱国为参会教师做了 TI 图形计算器实验技能培训讲座。

吴爱国于 2019 年 9 月参与广东省重点课题 "基于图形计算器手持技术解决与拓展高考数学问题的策略研究"。

2018 级高二（3）班李静扬同学录制 10 节《图形计算器绘图系列微课》，分享在 B 站上，并作为 2019 级 STEM 班数学方向学生的辅助学习材料。

三、STEM 理念在高中的应用研究

—— PBL 引领下的生命科学探究实践（郑耀贤 王爱东 周忆堂）

（一）课程理念

生物学科核心素养是学生在生物学课程学习过程中逐渐发展起来的，是学生在解决真实情景中的实际问题时所表现出来的价值观念、必备品格与关键能力。"科学探究"是指能够发现现实世界中的生物学问题，针对特定的生物学现象，进行观察、提问、实验设计、方案实施以及对结果的交流与讨论的能力。[1]这就要求学生主动地参与学习，在亲历提出问题、获取信息、寻找证据、检验假设、发现规律的过程中习得生物学知识，养成科学思维的习惯，形成积极的科学态度，发展终身学习及创新能力。新课程高度关注学生学习过程中的实践经历，强调学生通过探究性学习活动或完成工程学任务，加深对生物学概念的理解，提升应用知识的能力，培养创新精神，能够将科学、技术、工程学和数学（STEM）知识和能力综合运用在实践活动中，设计方案，解决现实生活中的实际问题。

本特色课程是建立在国家课程的基础上，在我校"春风不择物，远近一同仁"和"读书修己，兼济天下"的核心价值观引领下，属于我校"润璞"课程体系的二期（综合实践活动课程）和三期（项目学习统整日课程），以项目学习的方式开展一系列与生命、环境、生活等有密切关系的跨学科拓展、探究实践课程。本课程以有利于学生的发展、给学生提供合适的教育、激发学生的创新创造潜能为出发点，采取针对部分群体的校本选修课程方式和发展基于个体和小组的

---

①普通高中生物学课程标准（2017 年版）. 北京：人民教育出版社，2018：4-5.

全时间段探究的方式，两种方式互相促进，共同进行。

（二）课程开发与实践

STEM 理念落实在实践中的有效方式是实行项目式学习（PBL）。项目式学习来源于杜威的"从做中学"，以建构主义学习理论、认知学习理论为理论基础，创造机会让学生面对真实的复杂问题，运用已有的知识，通过驱动性问题组织、引导、展开的教学活动。项目式学习具有学习的问题性、学习的合作性、学习的探究性、学习的真实性、评价的过程性等特点。[①] 项目式学习是一种以学生为主体，连接真实世界，共同解决一个复杂问题或完成一项综合性任务的学习方式。本课程开展一系列基于真实情境下的全过程科学探究实践项目。在开展"泡菜制作及其亚硝酸盐含量规律的研究"项目中，学生通过问卷调查获得民众对泡菜的食用习惯和安全性认知，再真实体验泡菜的制作过程，在设计实验过程考虑了不同的蔬菜品种、不同的食盐浓度和不同的腌制时间的条件的处理。为了测得可信的亚硝酸盐浓度，学生通过大量的文献检索，结合中华人民共和国国家标准《食品中亚硝酸盐与硝酸盐的测定》（GB 5009.33—2016）等文件和学校实验室条件，通过多次尝试，习得了相关检验技术，并按照实验设计方案开展实验，建立了数学模型并利用模型计算不同腌制时长的泡菜亚硝酸盐含量，最后得出实验结论，并提出泡菜食用建议。类似的项目还有《不同辣椒腌制时间对其抗坏血酸含量的影响》《不同光质对固定化小球藻的增殖和产氧能力的影响》《南美蟛蜞菊不同器官浸提液对小球藻的化感作用研究》《利用手持技术探究过氧化氢酶的最适 pH》《利用手持技术探究 CO_2 浓度对光合作用强度的影响》《提取桂花精油并制作日用化妆用品》《提取植物组织 DNA 并测量其含量》《鱼腥草不同状态和部位的抑菌效果研究》《紫外光 UVB 对红葱根尖细胞分裂和叶绿素的影响》《食物蛋白质提取与测量》《植物果胶酶的提取与固定化研究》《胡萝卜素的提取与应用研究》

[①] 江合佩. 促进学生核心素养发展的项目式学习研究与实践 [J]. 教育与装备研究，2019（9）：60.

等等。这些项目大部分为长周期探究项目，需要以小组为单位进行合理分工，需要特定的仪器、药品，甚至需要利用编程技术设计相应的特制设备。学生在开展这些项目时，能像科研工作者一样思考，像工程师一样开展基于设计的解决方案，像环保工作者一样关注环境并尝试提出改善环境的方案，能够体验成功的喜悦，也能体验失败的滋味。学生的核心素养就在完成一个个项目的过程中得到不断滋养和发展。

（三）课程评价

本课程构建了一套探究教学的程序：提供基于解决实际问题的情景——培养学生精准选题的能力——培养学生开展有效实验设计的能力——培养学生利用有效的工具、技术获取数据的能力——培养学生利用数学知识建构数学模型的能力——培养学生根据模型提出假说的能力——培养与人合作的能力——培养学生关注社会的责任感。在开展项目式学习的各个阶段重视评价手段的促进作用，评价既重视过程性评价又关注终结性评价。在项目进行过程主要利用过程性评价，从科学探究等维度进行评价[1]，在项目结束和学期结束主要利用终结性评价，从生命观念、科学思维、社会责任等维度，重点关注学生项目完成情况（包括项目成果、项目报告、科创比赛成绩等）。

"泡菜制作及其亚硝酸盐含量规律的研究"项目过程性评价表

评价内容	评价标准	结果	应对策略
调查问卷的设计与实施	A.问卷结构合理、有效实施、数据处理科学； B.问卷结构尚可、较有效实施（参与人数尚可）、进行数据处理； C.问卷设计较差、参与人数较少、不知道怎么处理数据		提供样板，搭建脚手架，利用网络，提高问卷参与量
泡菜制作并录微视频	A.制作出品相味道好且一致的泡菜，并录制了浅显易懂的微课； B.制作出正常的泡菜，并录制了微课； C.制作的泡菜坏掉，微课质量较低		利用微课，多次尝试

---

①钟慧.高中生物教学过程性评价优化实施案例[J].齐鲁师范学院学报，2018，33（3）：67-69.

有效文献的获取	A. 获取了精准有效的文献； B. 获取了一些有相关性的文献； C. 没有获取文献		提供有效途径，学习有效检索方式
实验设计方案	A. 实验设计科学、有效、可操作性强； B. 实验设计不确定性较大，可操作性不够高； C. 实验设计不完整，难以实施		组内评议和组间评议，改进方案
建构 $NaNO_2$ 标准曲线	A. 药品配制精准、分光光度计操作正确、数据处理科学、曲线的线性好； B. 会进行药品配制、会操作分光光度计、学会处理数据，能拟合标准曲线； C. 无法构建出标准曲线		利用微课，多次练习
泡菜样品提取液的制备	A. 操作规范恰当，制得符合要求的样品提取液； B. 操作不够严谨，制得样品提取液； C. 操作失当，无法制得提取液		利用微课，多次练习
实验结果的处理	A. 实验结果处理科学，制得符合要求的曲线； B. 学会处理实验结果，学会绘制曲线； C. 无法处理实验结果		网络学习，专题学习，多次训练
实验结论的提出	A. 实验结论的逻辑性强，可信度高； B. 初步提出实验结论； C. 无法提出实验结论		逻辑训练
泡菜食用建议的提出	A. 提出科学可行的食用建议； B. 提出了一些建议； C. 没有提出建议		社会责任感引导

（四）结语

基于 STEM 理念开展真实的科学探究实践，促进学科间的融合与联系，培养学生的实践能力，提升学生的学科核心素养已成为科学教育的主流方向，开展本课程正是在这样的时代背景下的选择。

《普通高中生物学课程标准（2017 年版）》提出培养学生的生物学学科核心素养是课程的价值追求和课程教学目标。"组织以探究为特点的主动学习"是落实核心素养的关键，加强和完善生物学教学，充分利用信息技术提高课堂教学效率，落实基于 STEM 理念的跨学科科学教育，培养学生的创新精神和实践能力，将是重要的方向。开展基于项目的探究实践活动是实现以上目标的有效载体。

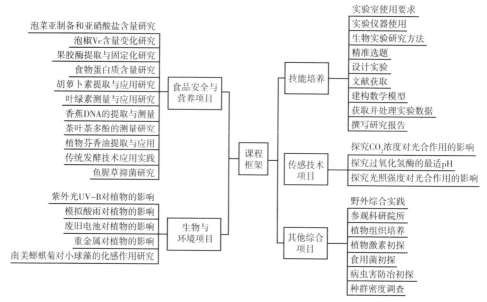

PBL 引领下的生命科学探究实践课程框架

四、蜜蜂世界（刘国浩 李辉辉）

STEAM 教育是将五大学科科学（Science）、技术（Technology）、工程（Engineering）、艺术（Art）、数学（Maths）融合于一体的综合教育。STEAM 是从 STEM 教育计划演变而来的，STEM 是由美国政府主导的一项教育计划，它倡导将各个领域的知识通过综合的课程结合起来，加强学科间的相互配合，发挥综合育人功能，让学生在综合的环境中学习，在项目活动中应用多个学科的知识解决问题。

（一）课程简介

本课程的设计是基于 STEAM 教育理念而进行的。

整个课程始终围绕中华蜜蜂这个媒介展开，在蜜蜂养殖这一真实情境中驱动问题展开一系列探究，解决问题的过程类似于科学家的研究过程，学生在对蜜蜂养殖即蜜蜂生活和营销经济学等课程的探究中，学习及应用学科思想；教师、学生、社区成员共同参加协作性活动，一同寻找问题解决的方法，与专家解决问题时所处的社会情形类似；通过蜂巢建筑学原理、蜜蜂的飞行原理、蜂箱设计等，让学生在物理工程、动手能力及审美方面得到培养，帮助学生在活动的参与过程中提升能力，并创造出一套能解决问题的可行产品——润园蜜。这是课堂学习的成果，是可以被公开分享的，这也是项目学习的特色。

随着社会的发展、知识增长速度的加快以及互联网的普及，普适性知识的获得越来越容易，个人化的知识变得越来越重要。学科之间是相互联系的，对蜜蜂世界的探索，就是在生物养殖、物理工程、社会经济、人文艺术等若干学科的基础上去展开研究，为此，我校开设该课程的李辉辉和刘国浩教师设计了一系列研究课题，诸如"真假蜂蜜的鉴别方法及原理分析""蜂蜜的营养价值及保健功能研究""如何让花粉更容易被吸收——花粉发酵技术研究""中华蜜蜂养殖产业的现状分析与展望""如何把一瓶蜂蜜销售出去""蜂巢为什么是完美的六角形？——蜂巢的建筑学原理"以及社会实践类课程"到幼儿园和小学讲一节关于蜜蜂的课"，手工操作"设计一套适合蜜蜂居住的房子"，野外活动"怎样放置诱蜂箱才能更容易引诱到野蜂过来居住——野外蜂巢的位置的风水学原理"等等，学生需要了解各种知识和技能是如何在解决真实的世界问题中相互连接和交叉的，基于项目和情境的学习，呈现出从强调学科内容到强调学习者经验和体验、从强调目标计划到强调过程本身的价值、从强调教材单一因素转向强调教师学生教材环境四因素整合、从强调显性课程到强调显性课程与隐性课程并重、从强调学校课程到强调学校课程与校外课程整合的趋势。可以预见，突破了学科的统整课程、综合课程会在学校教育中占据越来越多的比重，学科之间的融合、交叉、连接将是未来学校教育发展的共同走向。

（二）课程开设的必要性、创新性和可行性研究

1. 必要性论述

（1）符合新课改的精神，顺应新时代人才培养的要求

2015 年 9 月，教育部发布《关于"十三五"期间全面深入推进教育信息化工作的指导意见（征求意见稿）》，其中提到了未来五年对教育信息化的规划，其中明确提到要"探索 STEAM 教育、创客教育等新教育模式"。

而最新发布的 STEM 调研报告做了如下的调查：

涵盖科学、技术、工程、数学等跨学科的融合性课程	68.82%
是一种跨学科的学习方式	67.29%
STEM是一种以项目学习、问题解决为导向的课程组织方式	63.75%
STEM课程任务的完成必须同时运用多学科的知识	59.50%
STEM教育应该面向全体学生	52.25%
STEM课程任务必须具备一定的复杂性和挑战性	48.86%
与创客教育、科技类课程或活动差不多	31.95%
主要是通常所说的数理化教育	21.59%
STEM教育只适合少数学生	12.47%

图 1　教师对 STEM 教育描述的认可比例

对于教育管理人员来说，认可程度排在前三位的分别是"涵盖科学、技术、工程、数学等跨学科的融合性课程"（61.28%）、"是一种跨学科的学习方式"（60.12%）和"STEM 是一种以项目学习、问题解决为导向的课程组织方式"（58.95%）。

涵盖科学、技术、工程、数学等跨学科的融合性课程	61.28%
是一种跨学科的学习方式	60.12%
STEM是一种以项目学习、问题解决为导向的课程组织方式	58.95%
STEM课程任务的完成必须同时运用多学科的知识	54.28%
STEM教育应该面向全体学生	49.81%
STEM课程任务必须具备一定的复杂性和挑战性	35.41%
与创客教育、科技类课程或活动差不多	24.32%
主要是通常所说的数理化教育	13.23%
STEM教育只适合少数学生	9.92%

图2　教育管理人员对 STEM 教育描述的认可比例

对 STEM 认可度最高的三种思想分别是：融合、跨学科和问题导向。而本课题的研究所体现的项目导向和这些思想是相契合的。

（2）是对学校课堂教育有益同时有必要的补充，也是针对 STEAM 课程的一次特别而深入的尝试。

（3）由社会人向自然人回归的培养需求

本课程最大的特点是项目导向和问题导向，参与者直接面对现实的问题，从而运用多方面的知识去解决。

同时，从内容去思考，它非常切合人与自然和谐发展的要求，培养人对生活的热爱、对大自然的生灵及大自然本身的敬畏。

2. 创新性说明

本课程的创新性在于以下几点：

（1）可持续性强，中华蜜蜂是中国特有的蜜蜂品种，相比于西方蜜蜂，适应性强，加上南方适宜的气候条件，一年四季皆可繁殖生产，从而可以使课程更容易完善积累优化，使课程在开设的过程中实现持续的进化。

（2）研究范畴的延展性、可塑性强。蜜蜂世界其实只是一个媒介，以这个媒介进行的研究才是目的所在。围绕蜜蜂世界而进行的一系列研究是开放式的，可根据研究的兴趣和热度等随时进行修正。如蜂箱的设计环节，可以在对中华蜜蜂习性研究的基础上对蜂箱整体进行设计，也可以从美观的角度对外观进行美化等。

（3）学科整合性充分。不同的子课题可以吸引不同学科知识背景及对相关方面知识有研究兴趣的教师参与进来，从而不断地丰富课程。如蜂粮的发酵研究便可以是生物学科的一个很完备的子课题，我校之前更是开设过"酸奶的制作"等校本课程，这完全可以成为这个课程下的一个研究方向，再如随着学校的木工室的建立，可以和他们合作制作自行设计的蜂箱等，又如对润园蜜设计品牌标识，可以和美术组进行全面的沟通交流。

图3　润园蜜品牌标识设计

3. 可行性研究

（1）地理环境因素

本校地处人杰地灵的珠海唐家古镇，里面有青山绿水的淇澳岛自然保护区，更有绵延向西直到中山的凤凰群山，作为供应珠海用水的源头，植被丰富多样；学校旁边更有中华民国首任总理唐绍仪的私家花园，百年荔枝覆盖整个花园，还有古镇里高大的木板树和龙眼树等，为整个春天提供了充足的蜜源；北面的中山大学珠海校区，面朝大海，三面环山，山中更是山花遍野一年四季竞相开放，特别是鸭脚木，为冬天提供足够的蜜源，产出南方特有的蜜种：鸭脚木冬蜜。足够优越的植被覆盖，同时没有农作物，远离了农药的污染，为中华蜜蜂的生存繁衍提供了充分的条件。

（2）人的因素

①教师：中华蜜蜂爱好者物理科的刘国浩老师，同时有物理方面的专业知识；生物科组的李辉辉老师同时作为教研室主任，有过硬的研究理论知识作为依托，而作为生物老师对昆虫的研究更是能做到专业。将来也会有更多的相关专业的优秀老师进来，共同参与本项目的研究与开展。

②学生：我校作为珠海生源第五的高中，课堂外的知识的培养显得更有必要。多方向的发展对我校学生来说至关重要，这也是我校培养人的一贯理念。

③学校：学校对校本课程非常重视，对于本课程的开设给予了极大的支持：提供了场地、申请了相应的一部分开展资金，并且在全校加强了宣传等等。应该说这些都是本课程开展的根基所在。

（三）本课程面临的挑战

1. 学生、教师甚至整个社会对蜜蜂的了解甚其而导致的诸多误解。例如：

①蜜蜂是会蛰人的，甚至不排除极个别人会对蜂毒过敏。

②作为昆虫，蜜蜂有追光的习性；缺水时有可能会到水龙头寻找水源，且不

排除会有在衣服、被子上排泄的可能。

③在分蜂时期会大量的涌出蜂箱，容易引起恐慌等等。

2.课时的设置导致许多项目的研究不能很好地深入，应更多地利用课后时间，同时，形成社团形式，实现蜂群管理的实时化。

3.参与课程的人数过多，开展起来不容易深入细化。理想的人数是不超过10人，但最近的选修人数多达30人以上，精细化辅导遇到了较大的挑战。目前看，各活动分组进行，往后的课程开展应更注重参与者质的选拔。

4.蜜源破坏严重，唐家地区虽然有比较好的植被，但最近几年中山大学的建设和路政建设，很多蜜源植物遭到了不可挽回的破坏。

5.放置蜜蜂的场地的挑战等。

（四）课程模块及结构

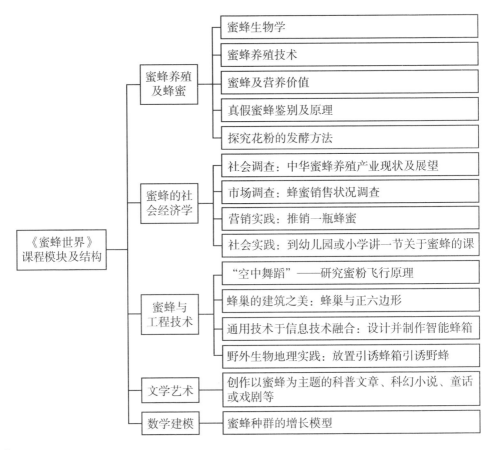

五、凡事预则立，不预则废——生涯教育（单佳楠）

（一）课程思路

生涯的含义具有多种表达方式，对生涯含义的理解我们可以从以下几个方面来把握：生涯是过程的、发展的；生涯是多方面的，不只是职业或工作；生涯是个体的，但也是个体与外部相互作用的产物；生涯不仅包括活动，也包括态度、行为及其结果。[①]

生涯教育的定义为：根据生涯发展规律，依据一定的计划，学校为学生提供咨询、教学、指导等服务，帮助学生形成学习、工作与生活之间的积极互动，引导学生了解自我、了解职业、了解社会，使与学生终身生涯相关的知识、技能以及态度得到全面发展。但从另外角度看，学校所有围绕学生生涯发展的正规教育都可以称之为生涯教育。对学生来说，学校的生涯教育，既是帮助学生获得有助于 生涯发展的体验与经历，也是为学生参与工作和生活的生涯活动及其过程提供服务与支持，对于处于重要转折期的学生来说，明确生涯的意义、确立生涯目标、奠定生涯发展基础是非常重要和必要的。[②]

近年来，国家大力实施教育改革，陆续出台了多部改革文件。2014 年，国务院出台了《关于深化考试招生制度改革的实施意见》，并陆续制定相关配套文件，成为恢复高考以来最全面最深入的一次改革。同时，启动了上海、浙江高考

---

① 朱仲敏.教育转型背景下普通高中生涯教育内容设计与实施路径研究 [J].教育发展研究，2017，37（06）：77-82.

② 杨婧.从美国生涯教育的经验看我国普通高中生涯教育及其课程设置 [D].天津师范大学，2007.

综合改革试点，从 2014 年新高一学生中试点实施。国家政策的调整使高中生面临着新的问题和多样化的选择，如何给予学生科学、有效的生涯指导，满足学生发展的要求，实施生涯教育是我们的现实需要。[①]

"中国学生发展核心素养"基本内涵中明确指出了健康生活，主要是学生在认识自我、发展身心、规划人生等方面的综合表现。具体包括珍爱生命、健全人格、自我管理等基本要点。

我校的办学理念是"和谐共进、育人为本"，心育特色是"润育自信互助的幸福附中人"，虽然学生学业成绩水平处于珠海市中等偏下，但学生普遍个性鲜明、兴趣特长发展较好，因此，生涯规划可以帮助学生在"成绩至上"的社会大环境下，找到适合自己的未来发展方向，提升自信水平。

基于以上分析，生涯教育课程作为"润璞课程体系"中的综合实践活动课程，应运而生。

（二）课程框架

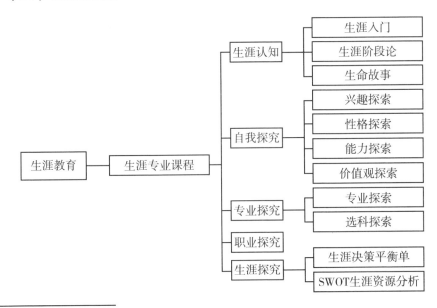

①刘靖文.高中生涯教育的实践与反思：学业生涯与教育 [J].中小学心理健康教育，2017（29）：48-51

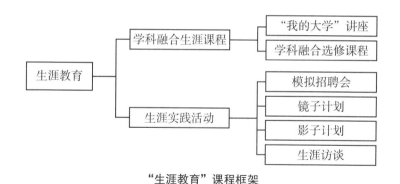

"生涯教育"课程框架

（三）研发目的

高中阶段是学生世界观、人生观、价值观形成的关键时期，亦是人生的重要转折阶段。特别是在国家将要实施高中教育普及化的大背景下，高中三年的学习生活十分短暂，然而对于个体的成长以及未来人生而言却异常关键。对高中学生来说，不仅要进行升学和就业的选择，还要考虑毕业之后上什么大学、学什么专业或从事什么职业。这种面向未来的人生规划，不仅跟学生自身的心智发展联系在一起，还跟当下的课程实践紧密相关。在已经实施的《普通高中课程方案》中，综合实践活动、校本课程和选修课占有较大的比重，为学校实施生涯教育提供了现实可能和条件基础。

现阶段我国高中教育仍以应试教育为主，在高考指挥棒的作用下，唯分数论依然大行其道，高中三年教师与学生专注于文化课程的教学和学习，从而忽略了对学生职业、专业、未来生活准备的教育。但从实际来看，社会的分工、学生的禀赋差异致使他们在高中毕业时面临着不同的人生选择，而生涯教育的缺失导致学生缺少对自我的准确定位，在进行人生抉择时茫然而草率，如何帮助学生实现自主选择、科学选择，并通过自主选择提升学习的兴趣性与主动性，已经成为高中教育必须回答的问题。

2018年起，我省开始实施教育改革，新高考背景下，高中生将面临着新的问题和多样化的选择，如何给予学生科学、有效的生涯指导，满足学生发展的要

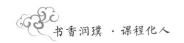

求，实施生涯教育是我们的现实需要。

（四）课程背景

首先，区别于大多数的理论型生涯教育课程，此课程特点为学生自主实操型，包含教师教材和学生手册两部分。以高中生生涯发展的客观需求为课程主体，以生涯理论和心理测量理论为基础，以心理测量和体验式活动为课程实施主要形式，将理论与实践有效结合，能够引导学生据此自主进行生涯规划并确立行动计划。

其次，此课程针对我校学生成绩分布层次，将职业导向和专业导向两种生涯规划模式融合，适用面较广，即同时适用于对未来有清晰规划、成绩相对理想和对未来感到迷茫、成绩处于专科线左右的两种学生。

第三，此课程自 2015 年起以校本选修课程形式开展，在实践中不断完善，新高考政策确立后又对应进行了改动，符合新高考政策和新课程标准，相信可帮助学生自入学起不断探索自我和未来，充实圆满地度过高中阶段。

最后，该课程具有综合性、实践性的特点。此课程既有知识的传授，也有技能的培养，还有态度、观念的引导。根据学生的需要以及学校和地方的课程资源，将心理健康教育、社会实践、社区服务、研究性学习、职业体验、学习指导、生活指导等融合在一起实施，使各个内容要素彼此渗透，使课程具有综合性特点。结合学生的实际需要，注重实用性，致力于解决学生生涯发展过程中面临的实际问题。

（五）课程目标

高中阶段是个体走向社会生活的起始点，高中生涯规划教育应给学生奠定广泛的理论和知识基础，重点包括挖掘自我潜能、了解社会分工、职业兴趣测评、生涯目标的确立等。单纯的理论知识讲解并不能适合生涯规划课程，因此，高中生涯规划课程需呈现出丰富性、多元性等特点[①]。

知识与技能目标：通过生涯规划课程的学习，引导学生充分认识自我特征和潜在的人格特征及能力，增强学生内在学习动机，尽早建立起当下的学习状态与未来的职业发展之间的联系；培养学生的规划和决策能力，使之在面对高考报考、职业选择等生涯抉择时，能够理智分析，收集并系统运用资料，最终做出正确的选择。

过程与方法目标：生涯规划课程的学习使学生初步了解现代信息社会变革中的职业变化和行业需求，了解职业世界地图及搜集职业生涯信息的方法，从而引导学生深入分析职业及岗位变化的本质和要求，建立起学校教育和职业社会的有机联系。

情感、态度与价值观目标：生涯规划课程的学习引导学生学会时刻观察和认知周围的世界，随时关注时代变更的信息和社会发展对各行各业专业人士的要求，形成正确的人生观和价值观，初步建立积极的人才观和就业观。

（六）主要内容

高中生涯教育课程内容包含四大模块，分别是了解生涯规划及其意义、认识与发展自我、探索环境与社会、生涯定位与决策。

1. 了解生涯规划及其意义

认识什么是生涯规划，理解生涯规划对人生发展的重要意义和作用，认识人生不同的发展阶段有不同的角色与任务，了解各种生涯角色的内涵及其相互关系，学习平衡生涯发展的各种角色，初步思考自己的生涯发展方向[②]。

明确高中学习与生涯发展的关系，认识到高中学习对未来职业和生活发展的重要影响，主动适应高中阶段的生活与学习方式。

[①]李荣.论高中职业生涯规划教育的实施策略 [D].华中师范大学，2014.

[②]刘刚.高考改革背景下普通高中职业生涯教育探析 [D].沈阳师范大学，2017.

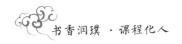

2. 认识与发展自我

了解兴趣、能力优势以及性格和价值观对生涯发展的影响，掌握探索自我各方面特点的方法。

树立积极的生涯信念，提高学习的内在动力，掌握有效的学习方法，重视日常学习的积累，提高综合运用知识解决问题的能力，树立终身学习的意识。

3. 探索环境与社会

了解社会发展变化及社会对未来人才素质的要求，掌握获取生涯发展信息的方法。

了解职业与社会分工，认识工作的意义，了解不同的职业对个人素质的要求，形成初步的职业取向。

认识大学在个人生涯发展中的意义，了解国内外大学与专业设置的基本情况，认识专业与未来职业的关系，综合自身与环境因素思考大学与专业的选择。

4. 生涯定位与决策

树立人生理想与抱负，能够制定明确且可行的发展目标与计划，认识各种内外部因素对决策的影响，初步掌握生涯决策的方法，尝试自主决策，形成生涯规划书。

充分利用体验式的活动，如参观、调查、研究、实习、访谈、讨论、游学等，拓展学生的视野，丰富学生的人生阅历，提升学生的社会适应能力。在真实或模拟的情境中，开展探索自我、体验职业、获取信息、利用资源、生涯决策等活动，避免单纯的知识讲授，实现学生在认知、情感、行为和观念等多方面的发展变化。

充分利用授课教师的心理学科班背景，将心理测评量表融入课程中，使学生的探索结果可通过数据和测评结果量化地体现出来，更为直观，可帮助学生客观认识自己的优势和特长。

（七）评价方式

本课程采取多样化的评价方式，即过程性评价与终级评价相结合的方法，将课程中学生的参与度、课程的可操作性等作为共同指标进行评价，具体的课程评价指标如下图：

一级指标	二级指标	评价要素
课程原则	学生参与度	学生喜欢并能充分参与课堂活动。
	心灵感悟	学生在课堂中和课堂后对课程内容有深刻体验与感悟。
	交流分享	课堂中学生能够主动交流，真诚理解并倾听，相互尊重。
课程内容	科学性	课程内容符合高中生发展特点和实际需要。
	主体性	课程活动设置以学生为主体，深受欢迎。
	有效性	课程知识能够被学生应用到实际生活中。
课后评价	满意度	学生对总体课程设置表示满意。
	实践度	课堂所学能够帮助学生在真实情境中正确抉择。
	广泛度	课程内容适用人群范围越广越好。

《生涯教育》课程评价指标

六、戏剧芳华 "鸿蒙" 初绽

——"鸿蒙"英语戏剧社（高春梅　李振宇　黄腾翔）

（一）项目简介

润园"鸿蒙"英语戏剧社是北师大（珠海）附中以英语戏剧为主的特色项目，其宗旨是欣赏、研究和表演英美戏剧，让学生在实践中运用英语，在表演中感悟人生。

"鸿蒙"英语戏剧社的命名，有其深刻寓意。首先，"鸿蒙"英文的谐音是"Home"，既代表了润园是一个平等友爱、紧密相连的大家庭，也体现了戏剧社坚持培养"具有家国情怀和世界视野的现代青年"的教育目标。其次，在中国传统文化中，"鸿蒙"主要是指宇宙形成前的混沌状态，有元气的意思。其重要的出处有：《庄子·在宥》："云将东游，过扶摇之枝，而适遭鸿蒙。"《淮南子·道应训》："西穷窅冥之党，东开鸿濛之先。"《淮南子·俶真训》："以鸿蒙为景，鸿蒙，东方，日所出地。"《秦并六国平话》卷上："鸿蒙肇判，风气始开。"润园创办英语戏剧社，创造性地结合了语言教学和戏剧艺术，为学校内涵发展打开新的局面。由此可见，"鸿蒙"二字融汇了东西方特色，既有高远的深意，又是传统文化延续的证明。

在具体工作的开展中，"鸿蒙"英语戏剧社首先成立了以高春梅、黄腾翔、杨雯文、陈华静、肖卉、李平平等英语教师为主的教师工作坊。教师工作坊全面指导英语戏剧社的建设管理，坚持"以人为本，面向师生"的办社理念，遵循"戏剧引领，英语促进，教育生活化"的教育理念，以"在应用中学习英语，在实践中感悟人生"为目标，精心组织落实英语戏剧社的各项工作，构筑"乐学、善演、和谐、共进"的社团氛围。

在教师工作坊的指导下，一系列的英语戏剧活动开展起来。与英文相关的戏剧类选修课、科技节的英文戏剧晚会以及英语戏剧校本教材的编写，都是润园努力探索素质教育新途径的方式。在活动过程中，预科班的新疆生是参与戏剧社活动的中坚力量。全员参与戏剧社活动，极大地提高了他们的英语表达能力，增强了自信心，促进了和本地班学生的融合。另一方面，他们丰富的肢体表达能力和舞台表现力，也为戏剧社活动增色不少。

英语戏剧不仅是语言教育，也是一种美育，因此需要英语教师和专业教师的共同指导。除了英语教师和学生共同打磨剧本、斟酌词句外，"鸿蒙"英语戏剧社每年都会外聘形体、戏剧老师对学生进行专业的指导。英语戏剧社常年与艺术科组、语文科组保持紧密的合作关系，每两年举办一次由英语、艺术和语文三个科组一起打造的"戏剧嘉年华"活动。

由此可见，"鸿蒙"英语戏剧社作为润园特色项目，在学科拓展、社会实践、民族融合、人文艺术和身心修养等多方面实践了润园"书香润璞"的核心价值观。

（二）理论探索

英语戏剧，是对以英语语言、动作、舞蹈、音乐等形式达到叙事目地的舞台表演艺术的总称。英语戏剧的表演形式多种多样，常见的包括话剧、歌剧、舞剧、音乐剧等。英语戏剧是由演员扮演角色在舞台上使用英语表演故事的一种综合艺术。

18世纪卢梭（Rousseau）在《爱弥尔》中提出"在实践中学习"（Learning by doing）与"在戏剧实践中学习"（Learning by dramatic doing）两个概念，开启了戏剧教育的先河。19世纪末美国教育学家杜威（Deway）提出，装扮（plays）、游戏（games）、模拟（mimic efforts）等戏剧技巧都可以被运用到教学之中。对于

戏剧教育理论的系统化研究和对戏剧教育方法的多样探索，大约始于二十世纪二三十年代。经过半个多世纪的发展，教育戏剧现已发展成为一个较为成熟的教育门类。英国、美国、澳大利亚、加拿大和以色列等国家都从教育戏剧中受惠，并成功地改善了中小学的教育状况。

国外戏剧教育的大致发展情况如下：二十世纪初，英国女教师哈丽特·琼森最早尝试将不同的教学内容主题戏剧化。1911 年，她出版的《教学中的戏剧方法》一书被认为是世界上第一本介绍在学校教学中应用戏剧方法的著作。美国戏剧教育家温尼弗瑞德·瓦尔德于 1930 年根据自己的实践编写出版了《创作性戏剧技术》一书，提出了"创作性戏剧教学方法"，这一方法成为可以直接在校园和教室中应用的初等教育教学方法。1954 年，英国戏剧教育家彼德·史莱德出版了《儿童戏剧》，发展了儿童戏剧教育传统。到六七十年代，教育戏剧发展成熟。八十年代末，西方发达国家逐步建立了完整的研究、实践戏剧教育的体制，将戏剧教育纳入正规的教育体系。我国台湾和香港地区受欧美国家启发，采取措施鼓励将戏剧融入教学体系。

2012 年，为更好地评估戏剧教育对高中学生的影响，美国戏剧教育协会与犹他州立大学进行了一项合作研究。研究发现：99% 的高中管理者认为戏剧项目有助于提高学生的自信心、自我理解能力和自律能力。100% 的高中管理人员认为戏剧项目有助于培养学生创造力。91% 的学校管理人员认为，学习与表演戏剧有助于提升学生的综合学术能力。以上研究与教学实践表明：学生参与戏剧表演可以改善学生的教育状况。润园创办"鸿蒙"英语戏剧社，可以在实践操作中验证这一研究成果。

《国家中长期教育改革和发展规划纲要（2010—2020 年）》明确指出，普通高中特色发展、多样化发展是新世纪高中学校办学发展的方向。坚持"为中考成绩非一流学生提供一流的高中教育"的理念，润园应遵循"关注学生终身发展"的办学宗旨，坚持"英语引领，多维育人"的特色办学理念，将英语课堂教学和英语第二课堂相结合，全面架构起英语特色活动，推动学校英语教学"整体发展"的特色发展思路。

（三）实践意义

1. 创办英语戏剧社是润园内涵发展的新契机

珠海现有五所国家级示范性高中，由于受到中考录取模式的限制，附中生源大多来自第五批次，学校很难招收到珠海市一流的生源。如果附中墨守成规、毫无个性，长此以往，则很难与珠海一中等名校竞争。当今社会分工越来越朝着精细化方向发展，社会需要的劳动者自然也是多层面的、多样化的。因此，只有走特色发展之路才能使学生群体素质整体优化。"鸿蒙"英语戏剧社的创立，正是充分利用附中英语组的教育资源，打造学生英语学习的特色，为附中的内涵发展提供新的契机。

2. 创办英语戏剧社是润园丰富校园文化生活的需要

校园文化活动为学生的学习生活注入了丰富多变、妙趣横生的内容，这对学生学习精神的激发和学习效果的提高无疑是有益的。附中英语组曾举办过英语晚会、英语配音大赛、英语书法比赛、英语演讲比赛、英语单词竞赛、英语手抄报大赛和英语角等活动。组织英语戏剧社同属英语第二课堂活动，是附中英语课堂教学拓展的新途径，对丰富校园文化必将产生深远的影响。

3. 创办英语戏剧社是润园培养学生综合素养的需要

首先，参加英语戏剧社活动可以培养学生的文化意识，提高其文学修养。通过英语剧本的选择、改编和再创造，学生在欣赏的基础上对西方文学剧本进行解读，了解英美等国的主要剧作家和戏剧作品，培养其英语戏剧鉴赏的趣味。其次，学生可以在英语戏剧排练的活动中，彼此互动、合作，从学习中获得美感经验、增进智能与生活技能。再次，参加英语戏剧社活动可以锻炼学生的语言运用能力。参与戏剧社活动能够充分调动学生学习的主动性和能动性，让学生充分体验成功和自我发展，得到深刻的情感体验，增强学生自信，达到培养学生的英语表达能力、沟通能力以及创新能力的目的。

（四）课程建设

1. 课程目标

（1）知识目标：通过阅读戏剧作品，学生能掌握故事大意、语言要点和相关的文化背景。除此之外，学生还能学习到戏剧表演的相关知识，了解戏剧表演的基本方法。

（2）能力目标：通过参与英语戏剧社活动，学生能培养对戏剧作品的文本解读能力，提高英语口语的交际能力，培养学习英语的热情以及沟通、适应群体的综合能力。

（3）情感目标：通过阅读中外各类剧本，学生能拓宽思想文化视野，形成良好的文化心态，学会尊重、理解作品所体现的不同时代、不同民族、不同流派风格的文化，正确理解中外戏剧作品表现出来的价值判断和审美取向，提高分辨真假、善恶、美丑的水平，提升艺术欣赏品位，丰富精神生活，深化对历史、社会和人生的认识。

2. 课程框架

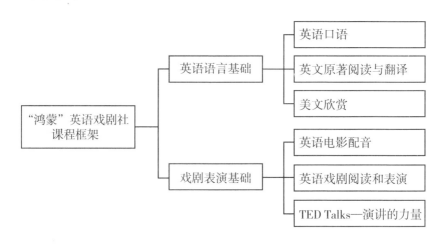

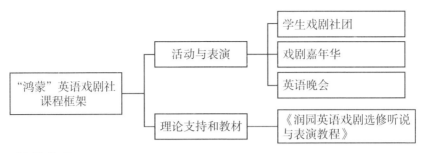

3.课程实践

确立为珠海市特色项目后，"鸿蒙"英语戏剧社的课程和活动进展良好，成果丰硕。

首先是一系列与戏剧相关的英语选修课程开展。2016年9月到2017年6月，陈华静老师开设《英语戏剧阅读与表演》课程；杨雯文、黄腾翔两位老师开设《TED Talks—演讲的力量》选修课。2017年9月到2018年6月，肖卉、李平平、李振宇、马文秀、齐思贤、于爽和江雪多位老师共同开设英语配音课。2017年9月到12月，"鸿蒙"英语戏剧社特别聘请北京师范大学表演系的刘雅铭老师为学生上舞台形体训练的基本课程。这些形式多样的选修课，不仅提高了学生的英语口语水平，还为学生提供了英语戏剧的入门启蒙。润园还积极在高一新疆预科班开设了戏剧为主的英语新型课程，培养了一大批热爱戏剧和表演的学生，并成功在几次演出中表现优异，甚至拔得头筹。

在学生会社团中，学生也组建了戏剧社，戏剧社社团活动组织有序完善，为学生搭建了一个很好的兴趣交流圈，丰富了校园社团文化生活。2017年5月到9月期间，戏剧社每周上传一章经典剧目到英语戏剧社报名群，积极指导当时的戏剧社学生成员大量阅读了书虫系列读物，如《黑骏马》《巴斯克维尔猎犬》《不平静的坟墓》《三怪客泛舟记》《三十九级台阶》《小妇人》《克兰福德》《华盛顿广场》《织工马南》《化身博士》等多本书籍。来自高一（6）班的万思雨、高二（8）班陈炜等20名同学分别获得优秀奖。

随着戏剧选修课程的深入，戏剧社选择并初步确定适合学生表演的英语戏剧剧本。在教师的指导下，学生对剧本进行恰当的改编和加工，并根据剧本角色进行分配角色，反复练习后进行汇报表演。每年科技文化节期间，英语组教师们积极宣传、广泛动员、制订实施方案、选拔节目及主持人，从节目彩排到正式演出，无不浸透着教师们辛勤的汗水。

"鸿蒙"英语戏剧社先后举办过两届"英语晚会"和一届"戏剧嘉年华"活动，充分让学生感受到了戏剧项目的无穷魅力。几年来的努力取得了显著效果，参与人数和节目质量明显提高。譬如，2017年科技节文化节期间"鸿蒙"英语戏剧社选送了4个节目；2018年科技节文化节期间，除正常的英语戏剧表演外，还增添了英语歌舞剧《I can see fire》；2019年科技节文化节英语戏剧类参与人数达300人，参演节目高达28个，表演形式又增添了课本剧《包君满意》，还有学生自行改编的戏剧如《荆轲刺秦王》《甄嬛传》等。经典英语戏剧《灰姑娘》《白雪公主和七个小矮人》《李尔王》《爱丽丝梦游仙境》等是年年上演，年年有新意。

除此之外，教师工作坊还积极编写英语戏剧类校本教材。由我校高春梅老师主编，郭彦、肖卉、李平平、李振宇、马文秀、齐思贤、江雪、苏佳、袁丽和彭文老师参与编写的《润园英语戏剧选修听说与表演教程》于2018年2月由吉林大学出版社正式出版（ISBN978-7-5692-1800-8）。全书包括30个单元，每个单元分为剧本背景介绍、主要人物角色、生词库和听说任务四个部分。教材选取的材料既有欧美经典戏剧，又有当今较为流行的戏剧元素，材料真实、富有趣味。教材一方面可做听力材料，另一方面也可作为戏剧配音和表演的语言文本。

4. 基础配套

润园设有专门的戏剧教室，内分为基本的学习区（配备学生桌椅和一体机）、大型的练习区（配备整容镜和练功桩），为戏剧社成员的专业学习和形体练习提供物质保障。此外，附中大礼堂可容纳1000人，拥有一流的灯光、音响及舞台控制系统，充分满足戏剧社表演的需要。学校拥有千兆主干校园网、校园广播系统、2个电子阅览室，英语戏剧社成员可以到学校的电子阅览室、计算机网络教室等场所，在教师指导下进行网络环境下的学习与交流。我校图书馆拥有语言类杂志31种，934册，图书539种，2247册。其中英文原著、英语杂志、英语工具书等可供英语戏剧社成员学习查阅。戏剧社还运用专项经费购置了索尼录像机和惠普笔记本电脑，可以满足戏剧表演摄像和剪辑的需求。

戏剧社还运用专项经费购置了一些戏剧方面的书籍和CD，帮助学生丰富理论基础。2018年底英语戏剧社拨专款购置了"优谷"朗读亭，并将该朗读亭设置在行政楼A栋和教学楼B栋之间空地。"优谷"朗读亭由隔音钢化玻璃打造，能隔离外界95%的声音，有专业屏幕展现字幕，可以放开双手尽情朗读，还具有选择性的背景音效等一些辅助性功效，内置整套自主研发朗读软件和专业录音设备的产品。"优谷"朗读亭重视朗读体验，融合朗读练习、英语学习、录制、演讲训练、悦读和线上分享等丰富功能，可满足用户享受朗读、快乐阅读和社交分享的个性需求，为喜爱英语戏剧的同学随时提供个性化的学习和配音场所。

润园不仅在教学设备方面配备完善，还组建了专门的选修课教学指导团队，由校内英语教师结合校外专业戏剧教师组成。戏剧工作坊的教师组建了QQ群，负责英语戏剧社的前期筹备工作、戏剧社活动的策划、学生戏剧剧本指导、宣传与选拔以及学生的基本技能训练，如语音、语调、舞台表演等的指导。同时，工作坊成员积极参加与戏剧有关的教师培训。高春梅、杨雯文、黄腾翔、陈华静四位老师到珠海新东方参加教育戏剧口语培训；肖卉、李平平老师去福建厦门参加了北京师范大学第五届儿童国际戏剧节开幕式暨教师培训活动；惠金兰校长、黄腾翔老师去湖南长沙参加了北京师范大学第六届儿童国际戏剧节暨教师培训活动。培训后几位老师对于教育戏剧有了更深刻的认识，在指导学生方面也积累许多有益经验，提升了戏剧社的软实力。

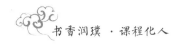

（五）未来展望

经过特色项目培育，"鸿蒙"英语戏剧社已达成以下目标：（1）润园戏剧选修课校本教材完善，充分符合高中学段学生的学情特点，科学有效；（2）现有戏剧教室实现多媒体功能教学并配备空调；（3）加大了对教师戏剧类教学的培训，提升了教学的软实力；（4）校园戏剧活动文化底蕴丰厚，承办了多次大型戏剧演出活动；（5）聘请了戏剧类专家进行教学指导；（6）做好民族融合，积极进行新疆班戏剧类特色课程的尝试，新疆班学生戏剧素养得到提高。

随着我校戏剧类项目良好的发展和戏剧类项目进校园的不断探索、科学管理、统筹规划、逐步完善，我们充分认识到戏剧运动对青少年身心健康发展的作用，有助于提高学生的道德自律能力、心智发育与逻辑思维能力，所以我们会坚定不移地做好戏剧类教学，积极打造珠海市高中学段的戏剧类特色学校。接下来的建设规划中，润园"鸿蒙"英语戏剧社将重点规划以下几点：（1）继续加强戏剧类教室的建设和设备保障；（2）加深校园戏剧类文化底蕴的培育；（3）加大校内教师戏剧类项目培训和外聘教师的引进；（4）不断提升学生戏剧表演水平和参与戏剧项目学生的覆盖面，吸引有戏剧类特长的学生报考就读我校；（5）更多地参与市级、省级、国家级和国际级戏剧演出，为学生提供更多的机会和更广阔的平台。

七、变化中的微粒

——基于核心素养的化学实验（李润）

（一）课程背景

化学是一门以实验为基础的自然科学。实验对于学习化学、提高化学教学质量、落实培养学生素养的目标具有其他化学教学内容或形式所不能替代的作用。

生活当中存在很多的化学小知识，刚升入高中的学生要学会应用书本知识以及从生活当中获取知识，这需要一个很长的过程。学生需要在平时养成一个好的学习习惯，把书本上面所涉及的在生活当中可以找到材料以及药品的实验都完成。只有这样，学生才能学以致用，能够解释生活中的现象。这也正是校本课程设置的最根本的原因。

（二）核心概念

1. 化学变化

化学变化是指相互接触的分子间发生原子或电子的转换或转移，生成新的分子并伴有能量的变化的过程，其实质是旧键的断裂和新键的生成。

化学变化过程中总伴随着物理变化。在化学变化过程中通常有发光、放热的现象，也有吸热现象。按照原子碰撞理论，分子间发生化学变化是通过碰撞完成的，要完成碰撞发生反应的分子需满足两个条件：（1）具有足够的能量；（2）正确的取向。因为反应需克服一定的分子能垒，所以须具有较高的能量来克服分子

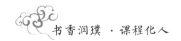
能垒。两个相碰撞的分子须有正确的取向才能发生旧键断裂。

2. 微粒

化学中的微粒指的是分子、原子、离子、质子、中子、电子等微观粒子。物质之所以发生化学变化，从微观的角度分析，是因为反应物的微粒之间在一定条件下发生有效的相互作用，使微粒的结构发生改变，或微粒重新排列组合，宏观上表现为生成了新物质。

3. 化学实验

化学实验是理论联系实际的重要途径，就是让学生观察物质的本质属性。化学实验对激发学生的学习兴趣，帮助他们形成化学概念，巩固化学知识，获得化学实验技能，培养实事求是、严肃认真的科学态度具有重要的意义，在培养学生观察能力和实验能力方面具有不可代替的作用。[①]

4. 科学探究

科学探究是指科学家在探索科学问题时，为获取证据和解释而采用的研究途径。化学实验教学中的科学探究则主要是指仿效科学探究而为学生设置的教育实践性活动过程，它的目的是用体会科学发现的过程，让学生学习获取化学知识、领悟科学的思想观念、了解科学家研究化学问题的途径。因此，探究本身也是一种研究性学习活动，它以问题为中心，具有尝试性、研究性和实践性的特征。新课程所提出的科学探究能力包括八个要素：提出问题、猜想与假设、制定计划、进行实验、收集证据、解释与结论、反思与评价、表达与交流，而关键则是培养学生提出问题、收集资料的能力以及猜测、解决问题和进行交流的能力。[②]

---

①苗深花，韩庆奎.化学实验教学论 [M].北京.科学出版社.2012：5-6.

②苗深花，韩庆奎.化学实验教学论 [M].北京.科学出版社.2012：5.

（三）课程设计理念

1. 核心素养及理论依据①

（1）化学核心素养

素养1　宏观辨识与微观探析

能通过观察、辨识一定条件下物质的形态及变化的宏观现象，初步掌握物质及其变化的分类方法，并能运用符号表征物质及其变化；能从物质的微观层面理解其组成、结构和性质的联系，形成"结构决定性质，性质决定应用"的观念；能根据物质的微观结构预测物质在特定条件下可能具有的性质和可能发生的变化。

素养2　变化观念与平衡思想

能认识物质是在不断运动的，物质的变化是有条件的；能从内因和外因、量变与质变等方面较全面地分析物质的化学变化，关注化学变化中的能量转化；能从不同视角对纷繁复杂的化学变化进行分类研究，逐步揭示各类变化的特征和规律；能用对立统一、联系发展和动态平衡的观点考察、分析化学反应，预测在一定条件某种物质可能发生的化学变化。

素养3　证据推理与模型认知

能初步学会收集各种证据，对物质的性质及其变化提出可能的假设；基于证据进行分析推理，证实或证伪假设；能解释证据与结论之间的关系，确定形成科学结论所需要的证据和寻找证据的途径；能认识化学现象与模型之间的联系，能运用多种模型来描述和解释化学现象，预测物质及其变化的可能结果；能依据物质及其变化的信息建构模型，建立解决复杂化学问题的思维框架。

素养4　科学探究与创新意识

发现和提出有探究价值的化学问题，能依据探究目的设计并优化实验方案，完成实验操作，能对观察记录的实验信息进行加工并获得结论；能和同学交流实

①教育部. 普通高中化学课程标准（2017版）[S]. 北京：人民教育出版社，2018：2-3.

验探究的成果，提出进一步探究或改进实验的设想；能尊重事实和证据，不迷信权威，具有独立思考、敢于质疑和批判的创新精神。

素养5　科学精神与社会责任

具有终身学习的意识和严谨求实的科学态度；崇尚真理，形成真理面前人人平等的意识；关注与化学有关的社会热点问题，认识环境保护和资源合理开发的重要性，具有可持续发展意识和绿色化学观念；深刻理解化学、技术、社会和环境之间的相互关系，认识到化学对社会发展的重大贡献，能运用已有知识和方法综合分析化学过程对自然可能带来的各种影响，权衡利弊，勇于承担责任，积极参与有关化学问题的社会决策。

（2）理论依据

建构主义认为，知识不是通过教师传授得到，而是学习者在一定的情境即社会文化背景下，借助其他人（包括教师和学习伙伴）的帮助，利用必要的学习资料，通过意义建构的方式而获得。主要表现在以下几个方面：

①整个教学过程中，强调以学生为中心，学生为认知的主体。

②在学习过程中，强调情境的设置对知识的建构作用。

③强调协助学习、小组学习的重要性。

④强调在学习过程中充分利用各种工具、信息资源来支持知识的建构。

⑤强调学习过程的最终目的是完成知识的意义建构。

2.课程目标

以《基础教育课程改革纳要》为指导，结合我校课程改革实际，充分发掘学生的个性潜能，促进学生个性全面、和谐地发展，为学生的终身发展奠定基础。学会交流，在合作中学习；学会探究，培养学生的创新意识；学会生活，培养学生良好的生活习惯，懂得生活，成为生活的主人。努力构建具有特色的校本课程体系。

着重培养学生以创造性思维为重点的创造性学习能力，通过情感体验和探究实践来获取知识，对知识的掌握与运用永不满足，追求卓越的学习态度；学会发现和提出问题，并能研究和解决问题。其中最重要的是研究和解决问题的能力，问题能否解决倒是其次，关键是在探究过程中帮助学生养成基本的研究态度。

培养学生自主学习、独立思考和更好地解决问题的素质和能力，在查阅资料、实际研究的过程中不断探索、不断研究、不断创新，体味其中的乐趣。

开阔学生的视野，提高学生学习化学的兴趣，丰富学生的知识，发展学生的思维，促进学生学习化学的主动性。

培养学生对社会的责任心和使命感。

（四）课程内容、实施及评价

1. 课程内容

高中化学实验校本课程由若干类型实验组成。由简入难，从教授实验安全开始，让学生走进实验室即重视实验安全问题，并学会规范操作各种仪器，避免因操作不当引起实验事故。教授基本实验技能，如玻璃导管的加工、橡皮塞的选择及钻孔、仪器的连接、装置的安装等，为以后各种实验打下基础。接下来才是各种类型实验的安排，在第二课堂中，所授的课程不仅仅局限于以下实验内容，可根据具体情况拓展新的实验课题。目前，已经开设的具体实验案例如下：

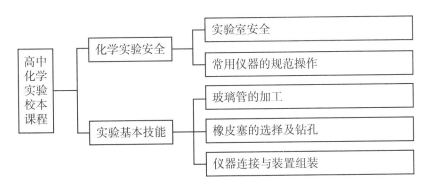

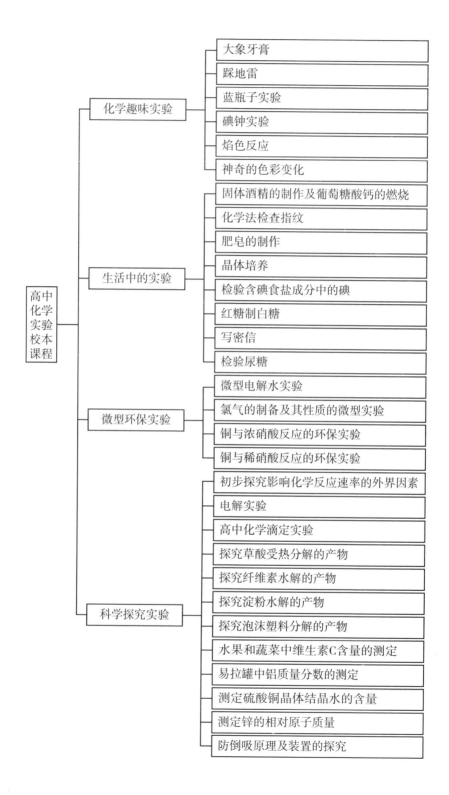

		大象牙膏
	化学趣味实验	踩地雷
		蓝瓶子实验
		碘钟实验
		焰色反应
		神奇的色彩变化
		固体酒精的制作及葡萄糖酸钙的燃烧
		化学法检查指纹
		肥皂的制作
	生活中的实验	晶体培养
高中化学实验校本课程		检验含碘食盐成分中的碘
		红糖制白糖
		写密信
		检验尿糖
		微型电解水实验
	微型环保实验	氯气的制备及其性质的微型实验
		铜与浓硝酸反应的环保实验
		铜与稀硝酸反应的环保实验
		初步探究影响化学反应速率的外界因素
		电解实验
		高中化学滴定实验
		探究草酸受热分解的产物
		探究纤维素水解的产物
	科学探究实验	探究淀粉水解的产物
		探究泡沫塑料分解的产物
		水果和蔬菜中维生素C含量的测定
		易拉罐中铝质量分数的测定
		测定硫酸铜晶体结晶水的含量
		测定锌的相对原子质量
		防倒吸原理及装置的探究

2. 课程实施

（1）主要方法

教师引导，学生分组实验，实验基本利用生活中的化学作为创设问题，激发学生思考；采用互动式教学，给予学生更多的活动、研究、讨论的时间和空间。

（2）组织形式

主要通过选修课、兴趣小组、社团活动等形式展开，每周 1-2 课时，每个实验根据具体情况消耗 1-3 课时。所有实验可根据学校的实际情况选择开展，也可以不局限于目录上的课题进行扩展，即可根据日常生活中遇到的问题提出研究课题进行探究实验。

3. 评价方式

本校本课程对学生的评价遵循过程性和结果性相结合的原则，既重视学生学习过程中的能力发展，又注重培养学生对实验结果的分析处理能力，让学生的化学素养真正得到提升。

成绩构成：过程性评价（参照表 1、表 2）*50%+ 结果性评价（考操作）*50%。

表 1：学分评定及等级评估参考标准

项目 等级 \ 评定	参与课时	表现情况	档案袋材料	学分
优秀	18	圆满完成全部规定实验，实验完成情况 80% 评定为 A 等	完整、丰富、有序	1
良好	≥16	较好完成全部规定实验，实验完成情况 70% 评定为 B 等	完整、有列	1
合格	≥12	完成规定实验，实验完成情况 60% 评定为 C 等	基本完整	1

表 2：学生自主实验情况评定表

	分数	标准描述	得分
态度	10	参加实验活动非常积极，认真主动	
	7	参加活动认真，能完成指定的任务	
	4	参加实验活动比较认真，基本完成任务	
	1	不够认真，没有完成指定任务	

续表

	分数	标准描述	得分
合作	10	有很好的合作精神，能吸纳别人的正确意见	
	7	有较好的合作精神，注意听取别人的意见	
	4	有一定的合作意思，能与同伴一起完成实验	
	1	缺乏合作精神，难以与别人合作	
情感	10	自始至终保持饱满的热情，不怕困难	
	7	有保持饱满的热情，但有时不稳定	
	4	有一定的热情，能跟随同伴一起工作	
	1	缺乏热情，勉强参与工作	
创新	10	有质疑的习惯，经常提出有价值的新建议和方法	
	7	能提出一些创意的建议	
	4	提出过有创意的建议	
	1	很少提出建议	

注：总分 35 分以上为 A，28～34 之间为 B 等，20～27 分为 C 等。

（五）成果

我校从 2006 年建校开始，就以化学学科为排头兵，开设第二课堂，培养学生的探究能力，提高学生的学科素养，丰富学生的课余生活。李润老师创造性地开展了一系列的探究性活动，让学生亲自设计、动手、实践，最后进行评价，让学生体验到了探究的曲折和乐趣。

在开发校本课程活动过程中，所取得的成果如下：

李润老师开设过的公开课情况：

1. 2012 年 10 月 29 日，面向化学科组主讲公开课《测定锌的相对原子质量》；

2. 2013 年 11 月 18 日，面向化学科组主讲公开课《碘钟实验》；

3. 2014 年 12 月 25 日，参加学校第九届"百花奖"公开课比赛，主讲《探究草酸受热分解的产物》，获得一等奖；

4. 2015 年 4 月 30 日，在珠海市高中化学校本实验选修课观摩活动中，面向全市高中化学实验教师主讲公开课《检验食盐成分中的碘》；

5. 2016 年 5 月 30 日，面向全校主讲公开课《高中化学滴定实验》；

6. 2017 年 4 月 10 日，面向全校主讲公开课《电解实验》。

各种比赛获奖情况：

1. 2008 年"测定锌的相对原子质量"课堂实录参加广东省中小学教学研究"十一五"规划课题第二批中期成果评比，获得一等奖；

2. 2013 年李润所编写的校本课程"高中化学实验选修课"参加珠海市第二届校本课程评比，获得三等奖；

3. 李润撰写的论文《探究如何在化学实验教学中渗透环保教育》被评为珠海市 2014 年度教育教学论文二等奖；

4. 2016 年修订后的校本课程"高中化学实验选修课"参加学校第一届校本课程评选，获得一等奖；

5. 李润的创新实验"铜与浓、稀硝酸反应的改进实验"在 2016 年广东省中学化学和生物实验教师（员）实验操作与创新技能竞赛中获得创新实验优秀奖；

6. 李润所撰写的科技论文《铜与浓、稀硝酸反应的改进实验》于 2018 年 4 月发表在核心期刊《化学教育》上。

课题研究成果如下：

1. 李润在 2017 年主持珠海市微课题研究项目"化学趣味实验遴选与优化的研究"，已结题。

2. 2017 年，我校温向鹏、刘国英、李润作为课题主要参加人员参与珠海市教育科研"十三五"规划课题"基于学生核心素养的中学化学实验课题内容构建与教学的研究"，我校为课题的主要实践基地之一，开展各种实验课程交流活动。其中李润主持其子课题"基于学生核心素养的科学探究课程内容构建与教学的研究"，继续对校本课程进行完善。其课题成果被选为珠海市首批中小学校本精品课程《中学化学实验教程》高中分册中的内容，在珠海市推广使用。该课题已结题。

八、物理生涯规划

——走进物理职业世界（孙鸿飞　翟艳荣　乐琼）

（一）结合中国学生发展核心素养和润园核心价值观阐释课程开发理念

2019 年 4 月，广东省正式推行了高中的新教改方案，其中物理和历史二选一作为高考科目，生物、化学、政治、地理四选二作为高考科目。随着新课改的正式出台，各省市都在积极地进行新课改的教育教学研究，物理生涯规划课也孕育而生。传统的生涯规划课都是由心理老师来上课，而我们是由物理老师来上涉及物理学科方面的生涯规划课，比如物理职场体验课，这对学生专业选择方面的影响是巨大的。

物理职场体验课在新高考形式下应运而生，具有重要的意义。首先，它为新高考政策下的高一学生搭建了一座认识外部世界的信息桥梁，让学生全方位、多角度地了解社会需求，提升广大学生的职业意识。其次，它培养学生物理方面的科学素养及职业技能，让学生体会到大学专业和职场竞争的激烈。它促使同学们进一步认识自身的优势和不足，学会清晰地定位自我，思考和规划自己的未来，增强学习内动力，提高自我素质。最后，有了科学的指导，学生通过理论和实践来判断自己是否适合选择物理科目，为以后的教育和教学会产生深远的影响。

物理职场体验课程的设计满足综合素质标准的五个维度，即德、智、体、美、劳。德，即发展学生的思想品德，通过学生的实践调查，比如了解到医生的辛酸，学生会更加尊重和敬佩医生，自觉提高礼貌就医的意识。智，即发展学生的学业水平，比如学生通过研究性学习，掌握研究性学习的理论和方法。体，即保持身心健康，比如学生通过职场体验，身心得到一定的锻炼。美，即艺术素养，比如通过职场体验，体验语言表达的艺术。劳，即社会实践，本课程主要以不同行业的职场体验为主，充分让学生参与到社会实践中来。

（二）课程内容选择兼顾"生活化"情境

本课程以理论学习为辅、职场体验为主，主要内容包括职业兴趣测试、选学物理方向职业调查、物理知识背景介绍和与物理相关的理工科职业调查与介绍、模拟职场招聘、假期实践等环节。职场体验来源于生活中的各行业的职业体验，与社会生活紧密联系，比如模拟职场招聘环节，学生需要上网了解自己感兴趣的职业，制作简历，经历单独面试、群体面试、笔试等环节，完全和现实社会的招聘环节一样。再如假期实践，学生以实习生的身份进入到实际岗位中，体验岗位的工作内容等。

（三）教学方法的"探究性"取向

物理职场体验课在围绕职场体验这一主题展开了不同形式的体验活动和研究性学习活动，比如我们在课程初期会为学生进行霍兰德职业测试，让学生从理论数据上来认识自己的职业倾向性，然后以调查问卷的形式调查学生对课堂涉及的职业的倾向性，在上课时把同学们比较感兴趣的一些职业放到前面来进行职业体验。物理职场体验课的课堂形式融入了研究性学习理论[1]、小组合作学习理论、STEM多学科知识融合的理论[2]等。例如，物理生涯课与研究性学习相结合。研

---

[1]张惠玲.在高中物理教学中开展有效研究性学习的实践研究 [J].物理教师，2016，37（10）：10-12.

[2]陈志明.体现STEM理念的高中物理教学研究与实践 [J].物理教学，2019，41（03）：6-8.

究性学习是新课程改革的一部分，占高中学分 15 分，研究性学习就是一个思考探究的过程，旨在培养学生自主学习、探究创新的能力。研究性学习中的学习为先，研究在后。它需要学生自己动手查找资料、整理选择资料，这就是学习；调查研究、分析、整合、提炼，这就是研究。教师指导学生做研究性学习报告，比如指导学生做职业调查方面的研究性学习报告，在课上让学生展开讨论。中学生的研究可能只是入门中的入门，就是一个思考点的展开，就是一个自主学习的过程，但通过对物理职场体验课的调查，学生的职业体验效果是很显著的。通过上课交流，老师也能发展成为部分学生的物理学科的生涯指导老师，对学生的物理方面的学习产生更深远的影响。

（四）教学评价"多元化"

评价主体多元化，包括教师评价、学生自评和互评、学生与教师互动评价等等，也可以把小组互评与对小组每个人的评价结合起来，把学校评价、社会评价和家长评价结合起来。这种评价不再是评价者对被评价者的单向评价，而是评价者与被评价者之间的互动。学生在评价时进行对照和比较，既看到优点也看到不足，激发学生内在的潜能，提高自我调控能力，主动发展，起到互相帮助、互相促进的作用。课堂中教师对学生的评价，语言需充满肯定和激励，可设置优秀简历奖、最佳面试奖、最佳口才奖等精神奖励，还可以设置物质奖励。学生对学生的评价，可以设置学生对表现优秀的个人和小组给予投票的环节。家长也可作为面试官对学生综合表现进行评价，评价优点和不足，让学生更清楚地认识自我和改善自我。

设计学生的成长记录袋，收集、记录学生自己、教师或同伴做出的与评价有关的材料以及学生的作品、反思，还有其他相关材料等，以此来评价学生的学习和进步的状况。

（五）兼顾本学科纵向延伸与其他学科多元渗透

物理职场体验课是生涯规划课的一种个性化课程，是由物理老师上的以物理专业知识为背景的覆盖理工科、管理类等专业的职场体验课。随着新课程改革的推进，广东高考把物理和历史学科二选一作为高考科目，选学物理的学生今后很可能会从事物理类相关的行业。但是学生也会学习化学、生物、地理、政治等学科，所以我们的课程具有多学科融合渗透的特点，旨在让学生通过对一些专业的了解和体验清楚自己具体喜欢或者适合什么行业，在今后的学习中有更明确的学习目标，树立更远大的理想。对提高学生的综合素养起到了很重要的作用。

（六）课程设计流程

整个课堂流程包含以下环节：

（1）职业测试（霍兰德职业测试）；

（2）物理方向职业调查；

（3）物理相关职业介绍；

（4）针对不同职业的专题市场调研和讨论；

（5）模拟职场招聘（有投简历、面试、小组合作讨论环节）；

（6）招聘结果公布（评出各种奖项，如优秀简历奖、最佳面试奖、最佳口才奖、最佳创意奖）

九、财学启智，经世致用

——财经素养教育（吴文）

中国学生发展核心素养以培养"全面发展的人"为核心，分为文化基础、自主发展、社会参与三个方面，综合表现为人文底蕴、科学精神、学会学习、健康生活、责任担当、实践创新六大素养。财经素养属于上述六个素养的综合素养。财经素养是在个体经济生活中处理财经问题的综合素质，包括基本的财经知识与财经思维方式、合理的理财技能及符合伦理道德的财富创造和财富管理的观念与态度及价值取向[①]。财经素养教育的落实需要与学科课程融合，通过选修课程、社团和实践活动三种方式让财经素养教育与学科课程融合，让财经素养教育贯穿于学生生活的始终。

（一）课程背景

在经济全球化背景下，个体财经素养水平对个人有着重要影响，对国家以及社会的稳定与健康发展具有重要意义。欧美等不少发达国家将财经素养教育纳入中小学国家课程。国际学生评估项目（PISA）于 2012 年首次增加了财经素养（Financial Literacy）的测试。2018 年中国青少年财经素养教育标准研讨会首次公布了《中国青少年财经素养教育标准框架》，专家提出财经素养教育不全是金融教育、消费者教育、财商教育，更是关乎个体财富人生的生活教育、情感教育、

---

①史习琳，张男星，等.中小学实施财经素养教育认知调查报告 [J].大学（研究版），2018（11）：53-67.

思想道德教育。因此需要将财经素养教育在学校教育系统予以落实，即使不能成为一门独立的国家课程，也可通过校本课程、实践活动或社团活动等形式实施并推广。

2017年12月北师大（珠海）附中成为广东省首批财经素养教育实践研究课题学校，2018年3月北师大（珠海）附中成为中国财经素养协同创新中心实验基地。学校将一些对财经素养有兴趣的各学科教师组建成研究团队，依托学校选修课和社团开展财经素养校本课程"理财与生活""学生公司"。该课程以培养学生尊重劳动、公平交易、财富管理、义利统一、家国责任等财经素养为目标，以培养合格公民为职责。

财经素养与学科的融合，在不同的学科，有不同的策略。本课题组认为，在数学学科上，财经素养应该注重概率、统计、运算等知识的传授。政治学科应该注重对财经知识的传授，如对收益与风险的比较、态度和价值观的养成等，专注于财经情境的塑造。历史学科应该注重让学生从宏观上把握财经素养的价值，通过历史事实来深化学生的认识。不同的学科要运用不同的教学策略，才能实现不同的教学目标。

学校财经素养教育可以促使青少年在高中毕业后顺利完成以下角色：可以成为一名自食其力的劳动者，积极创造社会财富和累积个人财富；可以以一名成熟的个体消费者进入经济生活，打理个人财务；可以作为一名合格的公民理解国家乃至世界经济活动，知晓国家经济与个人财务之间的关系；可以作为一名财富管理者，拥有准确看待贫穷与富有的辨识力以及正义、道德的财富观念与信念，既彰显个体经济能力的自我价值，又从中享受创造财富带来的社会责任与人生意义。

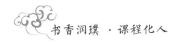

（二）课程模块

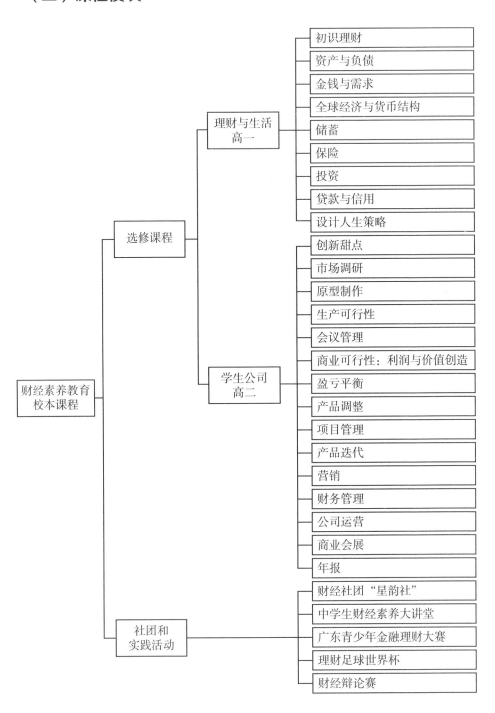

財经素养教育
校本课程

选修课程

理财与生活
高一
- 初识理财
- 资产与负债
- 金钱与需求
- 全球经济与货币结构
- 储蓄
- 保险
- 投资
- 贷款与信用
- 设计人生策略

学生公司
高二
- 创新甜点
- 市场调研
- 原型制作
- 生产可行性
- 会议管理
- 商业可行性：利润与价值创造
- 盈亏平衡
- 产品调整
- 项目管理
- 产品迭代
- 营销
- 财务管理
- 公司运营
- 商业会展
- 年报

社团和
实践活动
- 财经社团"星韵社"
- 中学生财经素养大讲堂
- 广东青少年金融理财大赛
- 理财足球世界杯
- 财经辩论赛

（三）课程实施

1. 理财与生活

该课程为高中一年级的学生设计。开展课程的目的是帮助同学们掌握基本的金融概念和财务技能，形成良好的理财习惯，引导同学们探索自己的价值观、思考自己的人生目标及生活方式，在人生目标的指引下，学习规划自己的生活，进而以负责任的态度和明智的方式规划和管理自己的财务。学习理财，也是学习平衡短期目标与长期目标，形成自律，看到社会与他人的需要，学会分享。

（1）课程框架

	单元名称	课时	课题
1	初识理财	1	帮助学生了解课程目的、结构；建立课程与学生的联系；形成团队
2	资产与负债	1	理解资产、负债、净资产的含义；能够在生活中运用资产负债表盘点经济状况
3	金钱与需求	1	学会制定预算，优化资产的配置
4	全球经济与货币结构	1	掌握金融交易的不同方法；理解购买力、汇率以及在生活中的应用
5	储蓄	1	了解储蓄的作用和意义；理解利率、复利等概念；通货膨胀与紧缩的原理
6	保险	1	理解保险的本质；保险的作用与种类；家庭保险配置的原则
7	投资	2	了解投资的方式；投资收益与风险的关系；投资的一般规则
8	贷款与信用	1	贷款的作用；信用的重要性
9	设计人生策略	2	发现自己的价值观、填写价值观工作表；考察自己感兴趣的职业，思考自己的人生目标，填写目标工作表
10	结课	1	课程总结；结课证书；课程反馈

（2）课程特点

第一，知识与实践相结合。理财是一门实践性很强的课程，除了掌握了理财的知识和概念以外，更需要运用理财的知识来指导实际生活，有效地进行资金的管理。因此在课程设置上，基本上每一节课都包含有知识点、案例或练习、小组展示、老师或志愿者点评，让同学们通过案例或练习体验理财知识在生活中的运

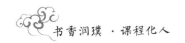

用，进而在自己的生活中更好地实践。

第二，预期管理。好的课堂应当做到学生预期、老师预期和志愿者预期三者一致。因此在选修课开始之前让学生对课程有足够的了解，帮助同学们建立对课程清晰的预期非常重要。在课程开始之前或在第一节课上可以通过问卷调查的形式了解学生目前的金融理财状况及对课程的期望，方便之后课程的准备与开展。

第三，团队合作。除了理财知识与技能之外，我们希望通过课堂培养同学们的团队协作能力、倾听能力、沟通表达能力，这是学生们在日后的工作生活中必不可少的技能，因此课程是以小组的形式来开展，由5-7名同学组成一个小组（分组需要在第一次课完成），多数的课程活动都是以团队合作的形式来进行，因此在教室环境的布置上强烈建议将教室设置成分组围座的形式。

第四，建立信任关系。经验表明，建立教师、志愿者与学生间的信任关系是课堂教学成功的关键因素。建立信任的关系非常重要，花一些心思，比如记住学生的名字或打印并设置学生名牌，前期通过一些游戏或活动，让同学之间以及学生与教师、志愿者之间建立真正的信任关系，这将有利于课程开展中学生对授课内容的理解和吸收。

第五，尊重多元价值观、倡导独立思考。课堂鼓励学生回答问题、提问和参与。不做价值评判，在学生对提出的问题没有思路时，为他们提供一些线索或思考问题的方法，但不是简单而直接地给出答案。

2. 学生公司

第一学期	第一部分（30分钟）学生展示	第二部分（20分钟）新知识点	第三部分（10分钟）课堂讨论/课后作业
第1课	课程介绍/志愿者介绍/分组成立公司（8-12人/组）/介绍创新甜点方法		布置：小组名牌，组员名牌
			寻找甜点
第2课	团队简介	市场调研	画出产品原型草图
	3个可能的创新方向 & 原因		检验甜点
第3课	甜点检验反馈	堂上原型制作（第一代）	原型互动，听取用户反馈
	原型草图		改进原型（第二代）

第一学期	第一部分（30分钟）学生展示	第二部分（20分钟）新知识点	第三部分（10分钟）课堂讨论/课后作业
第4课	展示原型第二代	生产可行性	改进原型（第三代）
			寻找供应商（10家以上）了解生产成本及可能性
			走访本地批发市场，参观工厂
第5课	展示原型第三代 走访/搜索结果汇报	会议管理	改进原型（第四代）， 制定会议规则。
			寻找厂家，探讨生产可行性
第6课	展示原型第四代 生产可行性	商业可行性：利润与价值创造	改进原型（第五代）
			筛选厂家，继续优化生产可行性
第7课	展示原型第五代	盈亏平衡	改进原型（第六代）
			筛选厂家，制作样品
			盈亏平衡分析
第8课	展示原型第六代	堂上产品调整	改进原型（第七代）
			制作样品或样品跟踪
第9课	展示原型第七代	项目管理	制定项目时间表
			制作阶段项目方案演示，准备下节项目评选
第10课	产品方案展示	项目选定，结课，颁奖	生产产品，生产跟踪
寒假			生产跟踪
第二学期			
第1课	产品展示+项目时间表	学期计划/产品迭代	更新项目时间表
第2-3课	项目进度汇报	营销	营销方案
第4课	营销方案	财务管理	财务管理计划
第5-7课	销售进度汇报	公司运营	销售跟踪
第8课	销售进度汇报	商业会展	撰写报告
第9课	项目进度汇报	年报	成果展示
第10课	成果展示	结课，颁奖	

（1）课程概述

《学生公司》是专门为高二学生设计的创业实践教育项目，高中生将在企业

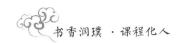

志愿者、学校教师的指导下，在校内创办一个学生公司，进行公司运营的实践。项目为期一学年，从秋季学期初开始，持续到春季学期的期末，每学期8-12课时。除了课堂上的学习，学生们将投入大量时间到团队建设、市场调研、产品研发、生产、销售等真实的公司运营环节，并切身体会到市场经济的运行情况，认识到团队合作分工的重要性，锻炼解决问题的能力，践行企业家精神等。

课程后续还有一系列活动，为学生提供了展示阶段性成果和相互交流学习的平台：秋季学期末的学生公司产品原型发布会，春季学期末举行的学生公司地区选拔赛、全国赛。全国赛的优秀团队还有机会作为中国代表参加第二年春季学期初举办的亚太区国际赛事。

（2）课程特色

第一，学生组建公司，实践运营，亲身体验企业成功运作的要素，了解现实中市场经济的运行；运用商业思维挖掘需求、进行市场调查与分析、用创新办法解决问题；

第二，通过职业角色体验和团队合作，了解企业职能部门的分工，培养职业技能和人际交往技能；

第三，培养全球化时代企业家精神，了解个人与企业对社会的责任，增强公平贸易、正当竞争、诚信经营等商业道德意识。

（三）社团和实践活动

1. 附中财经社团——星韵社

财经素养有知识属性，也有能力属性。因此，财经素养的培育归根结底要落实到活动中去。结合当前学校教育的现实，财经素养教育与学科课程融合的实践主要集中在大型主题式活动、社会实践活动、课外活动、班团队活动和社团活动等方面。

通过实践研究，初步形成具有高度可操作性和可复制性的综合性实践活动体系。课题组成员带领学生组建社团"星韵社"自主开展学生社团活动，传播金融知识，倡导科学的理财方式，培养自我投资意识。我校教师指导下的"星韵社"成功组织了学校各种财经素养教育活动。

2. 中学生财经素养大讲堂

中小学是落实财经素养教育的主阵地，利用系统的课程可以行之有效地予以培养。但在实际操作过程中，一线教师难免感到吃力，因为素养教育的专业知识大大超出学科教学范围，这一问题可以通过借助外援得到解决。

（1）向高校借力

高校可以向学校提供丰富的教学资源，学校已经和北京师范大学达成财经素养教育合作意向，形成财经素养教育共同体。北京师范大学将不定期提供财经素养教育培训，学校也派出教师进行财经素养方面的培训。这种中小学和大学的合作平台，为财经人才的培养与选拔提供了联动机制。

（2）向金融行业借力

邀请富有经验的金融从业人员，在合适的时机以恰当的方式为同学们讲授证券投资领域的相关知识。我校曾邀请了金融行业的专家为学生开设了"中学生财经素养大讲堂"。

财经素养教育是一个人的生活质量教育、一个人的幸福教育，校本课程的开展，让财经素养扎根在每个学生的思维中，落实在每个学生的行为里。我们愿意付诸点点滴滴的实践探索，帮助每一个学生成为智商、情商与财商并举的复合型人才，既会科学地赚钱，也会科学地理财和消费，进而使个人或家庭提高生活的质量和品位，最终拥有幸福的一生！

（四）课程成果

1. 组织并参加 2018 年 CJSY-VISA 优秀社团评选及青少年理财足球世界杯大赛，获得全国优秀奖。

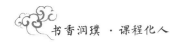

2.带领选修"青年理财"的学生参加 2018JA 广东青少年金融理财大赛，获得全省优秀奖。

3.带领选修"学生公司"的学生参加 2018JA 广东地区"学生公司"产品原型发布会。学生公司产品获得专家的好评。

4.组织并参加 2019 年 CJSY 财经辩论赛暨全国优秀财经社团评选，获得全国三等奖。

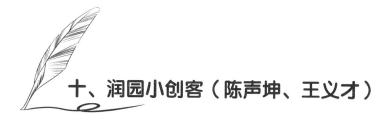

十、润园小创客（陈声坤、王义才）

（一）课程背景

"创客"一词自李克强总理于 2014 年 9 月夏季在达沃斯论坛提出"大众创业，万众创新"后便开始在国内火热起来。创客教育是一种培养学生的创新、创业所需的知识、视野、能力等方面的教育行为，其精髓是在帮助学生进行创客活动的过程中，培育学生提出问题、研究问题、解决问题、动手制作的综合能力。

近年来，创客空间在我国发展迅速，以构建创客空间为主要目的的创客教育遍布全国。在全国中小学范围内，学校创客工作室逐步建立和推广，Scratch 趣味编程、3D 设计与打印、Arduino 与传感器设计、VR/AR 等创客课程也逐步完善。这些为培养学生的科技探索能力和动手实践能力提供了便利，也有助于中小学生核心素养的培养。

本特色课程以 Arduino 的学习为基础，从学生学习和生活实际出发，结合多学科知识（如信息技术、通用技术、物理、化学、生物、地理、艺术等）开展简单的创客项目学习。近年来技术的不断进步和开源软硬件的逐渐普及，为创客教育走进校园提供了良好的基础条件。我校自 2016 年以来陆续购置了 Arduino 开源电子套件等设备，开展了以 Arduino 开源硬件为基础和 Mixly 开源软件为编程环境的创客学习课程。开设此门课程，主要是从学生的兴趣爱好出发，让学生以"润园小创客"的身份来学习和探索，为发掘学生的创新思想和创造思维努力，满足不同学生的差异性，着眼于培养有创客意识的学生群体，希望能为润园培养

更多有创客意识的年轻人。

（二）课程开设的环境

Arduino 由意大利开发团队于 2005 年冬季开发，是一款开源电子原型平台，有着很强的易用性和扩展性，包含硬件（各种型号的 Arduino 板）和软件（Arduino IDE）。该实验平台无需学生掌握复杂的编程语言，只需了解其函数用法即可进行创新应用设计。这款价格低廉，风靡于电子爱好者、设计师甚至艺术家们之间的硬件开发平台已成为创客们的主要开发工具。目前国内很多中小学的创客教育中采用了 Arduino 开源硬件为基础组件。

Mixly 是由北京师范大学教育学部创客教育实验室开发的面向中小学创客教育的开源图形化编程软件，它用直观的图形化积木块堆叠方式代替了复杂的文本编辑，并具有入门简单、使用方便、功能强大、应用广泛、易于拓展的优势。它适用于中小学编程基础较弱的教学情况，又可以过渡到纯代码编程环境，具有良好的生存与拓展性。Mixly 可以看作是介于普通用户与 Arduino IDE 之间桥梁，通过这个桥梁，即使用户不懂 C 语言的语法，也可以利用图形化程序编写 Arduino 程序。Mixly 的基本原理是将图形化程序转化成 C 语言，再利用 Arduino IDE 上传到硬件中。目前国内很多中小学采用 Mixly 开源软件为创客学习的编程环境。

（三）特色课程的分类及实践

本特色课程是以小班教学的形式展开教学，学生以小组（2-3 人一组）合作的形式开展学习内容，提升学生的团队协作能力，也方便教师的及时指导。具体的课程安排如下：

1. 基础学习课程

鉴于学生的认知发展水平，配合 Arduino 开源硬件和 Mixly 开源软件，我校教师开设了通识性基础项目课程。此阶段的学习主要是培养学生的兴趣和增强学生对实验组件和编程环境的熟悉度。在课程安排中，可以用多个基础学习内容进行简单结合，如最简单的 LED 灯配合其他较基础的数字传感器就可以做出很多基础的课程实验，学生由浅入深、由易到难，逐步掌握 Arduino 设备的使用和常用传感器的原理。实验安排和编程都是积木式的组合与拼接，极大地提高了学生学习的积极性和入门难度，降低了 Arduino 入门学习的难度，大大激发了学生的求知欲望和创造力。

序号	课程学习内容	时间安排
1	Arduino 的由来和 Mixly 编程环境	1 课时
2	LED 灯（单色、RGB 三基色 LED）	1 课时
3	喇叭和蜂鸣器	1 课时
4	超声波测距	1 课时
5	光敏、热敏电阻测试	1 课时
6	火焰传感器、人体传感器	1 课时
7	LM35 温度传感器、DH11 温湿度传感器	1 课时
8	直流电机、步进电机、舵机应用	1 课时
9	红外遥控功能	1 课时
10	数码管、液晶显示屏	1 课时
	……	

2. 综合项目学习

基础课程的学习主要是为项目学习积累知识和经验。在进行前面的学习之后，下一个阶段是对学生进行项目学习的培养，培养学生的创新思维和提高动手制作能力。在此阶段，会出现对前面知识进行整合运用的项目案例，并要求学生通过相应的项目学习后，能利用传感器等相应套件设计出一套简单的智能控制系统（考核标准之一）。

序号	课程学习内容	时间安排
1	智能交通灯设计和实现	1 课时
2	抢答系统设计和实现	1 课时

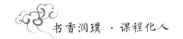

续表

序号	课程学习内容	时间安排
3	智能灯光控制系统	1 课时
4	智能火焰报警系统	1 课时
5	天气检测系统	1 课时
6	恒温恒湿箱模拟	1 课时
7	智能灭蚊系统（与太阳能结合）	1 课时
8	Arduino 智能小车项目（电机控制、超声波测距、遥控）	2–3 课时
	……	

3. 进阶拓展项目

进阶拓展主要是针对对创客项目较为感兴趣的学生，依托于各类创客比赛（如科技创新、中小学创客、中小学电脑制作等）。竞赛项目对综合能力要求较高，对学生学习的课程有更高要求，要求学生运用的不单是本课程的知识，还包括如 3D 打印、激光切割、机器人、电子电路、艺术设计等知识，甚至还需与其他学科（如物理、化学、生物、数学、艺术等）进行融合，具体细化到整个创客作品的制作流程。

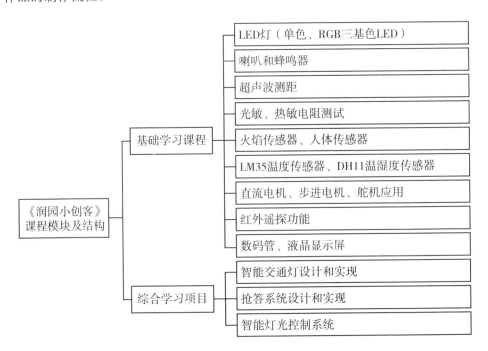

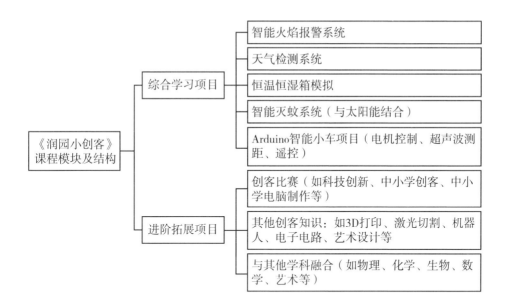

（四）课程思考和展望

"基于 Arduino 的创客项目学习"自 2016 年开设以来，着眼于学生兴趣的培养和能力的提升，一直希望为润园发展培养更多有创新思维和创客精神的年轻人。目前全国范围内的创客教育正如火如荼的开展，但我校由于多方面原因，还缺乏完整的课程体系和标准，在完善和探索的过程中，需要更多的教师和学生共同参与。近年来，附中在创客教育方面也在不断发展进步，各种与之相关的课程相继开设并不断发展完善，相信在学校的规划和大家的共同努力下，未来可期，大家共同见证。

十一、逸兴歌情志 青春撷英华

——润园读诗会（成六勤）

（一）课程开发理念

诗歌是一种抒情言志的文学体裁。《毛诗传笺》之《毛诗卷第一》载："诗者，志之所之也。在心为志，发言为诗。"[1] 南宋严羽《沧浪诗话》云："诗者，吟咏情性也。"[2] 培根也谈到："历史使人睿智，诗歌使人机敏。"[3] 著名的语言学家朱光潜先生也曾说："要培养孩子纯正的文学趣味，就要从读诗开始。"中国古典诗词是中国古代文学艺术的精髓，是中国文化长河里的瑰宝；中国新诗在古典诗歌的土壤里汲取养料，茁壮成长；外国诗歌风格各异，魅力无限。一首好诗就是一位良师益友。读诗就是在诗歌这个艺术海洋里，和这一位位良师益友进行灵魂上的沟通、精神上的交融，从而培养学生爱的情感，培养学生的自信、自尊、自强之品质，培养人文情怀、审美情趣，懂得珍爱生命，发展健全人格，增强社会责任、国家认同等意识，真正发展学生人文底蕴、科学精神、学会学习、健康生活、责任担当、实践创新等六大素养，完成语文教育"立德树人"之任务。

我校有着"书香润璞"的文化内蕴，追求"春风不择物，远近一同仁"的教育情怀和"读书修己，兼济天下"的教育理想，润园读诗会是实现这种教育情怀和理想的很好的载体。

---

①毛亨，郑玄.毛诗传笺 [M].北京：中华书局，2019：1.

②严羽.沧浪诗话 [M].北京：中华书局，2019：23.

③弗朗西斯·培根.培根论人生 [M].成都：四川文艺出版社，2016：185.

　　传统的诗歌教学是在教室、在特定的课堂上进行，朗诵是必不可少的环节，可是由于教学时间的限制，学生个性的差异，朗诵的时间、形式及效果都会受到影响。而润园读诗会更多的是在室外进行，润园文化底蕴深厚，校园景色优美，在校园读诗，不但能让学生更好地领悟润园之文化，更能让学生通过各种形式的充分的朗读，更深刻地理解诗歌的内涵，培养对诗歌的兴趣。同时，附中特有的地理环境，有历史悠久的共乐园，有着中大、北师大、北理工等大学的环绕，更有着"世界上最宽广"的海洋，如果带着学生在润园、共乐园、大学校园、海边去吟诵诗歌，学生对诗歌的感悟、对诗歌朗诵的体会自会更为独特。

（二）实施与评价

　　润园读诗会不同于传统的教师讲解、学生听学之教学方法，除了讲授法，更多是让学生自主实践操作、自主学习、合作探究。

　　学生自主选择诗歌，选择读诗场景，选择背景音乐，选择吟诵方式，选择吟诵团队。吟诵诗歌时，学生负责录制视频，后期视频剪辑也由学生自己负责。同时，教师也会根据视频，现场讲解分析学生朗诵时存在的问题，便于学生更快提升朗诵水平。

　　润园读诗会课程采用多元化的评价体系。老师、学生、家长都可以参与，评价可在课后进行，也可以借助视频现场完成，还可以借助润园朗读亭之"评价功能"，各班级电子班牌也是一个非常好的评价平台。另外，学校每年会举行"经典诵读比赛""原创诗歌朗诵比赛"等活动，这也是评价参与润园读诗会学员能力的一个渠道。

　　润园读诗会并不是停留在简单的读诗上，而是通过各种形式的朗诵活动，更好地发展学生的语文核心素养，让学生在语言建构与运用、思维发展与提升、审

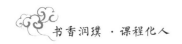

美鉴赏与创造、文化传承与理解四个方面的核心素养（普通高中语文课程标准（2017 版）得到充分的发展。

（三）多元共生

1. 多元性

润园读诗会看似是一个偏文的课程，其实也能做到与其他学科的多元渗透。首先，读诗发展了学生的语文素养，提高了学生对其他学科的理解领悟能力。其次，朗诵与各个学科相关的诗歌，如《电脑高手的情诗》《数学情诗》等，可以让学生更深刻理解该学科的特点与内涵，还可以举行同一首诗歌的中英文朗诵。最后，诗歌朗诵需要配乐、摄影，可以达到与音乐、美术、计算机技术等学科的多元渗透。

2. 情境共生

为了选择合适的背景音乐，学生需要对诗歌的情感和音乐的韵律有非常细腻而真实的体悟。在上课过程中，我们也会模仿"经典咏流传"的形式，让学生唱经典诗歌，或直接学唱，或用自己的旋律，这要根据学生的具体情况而定。但唱响诗歌是常用的一种形式。唱中悟，悟中唱，读唱结合，诗歌之韵、音乐之律则会达到高度融合。

本课程开展过程中，我们会在校内读诗，也会选择在校外如共乐园、大学校园、海边等场景读诗。如何选择更合适而优美的场景，如何选择站立位置，如何搭配着装等，都是美学教育渗透的极佳途径。

本课程开展的各个环节，我们都会拍摄照片、录制视频，这对学生的拍摄技术有一定的要求，在后期编辑过程中，配上音乐和文字，甚至把朗读亭的录音融入视频当中，这些对学生计算机水平的提高都有很大的帮助。

与音乐、美术、计算机技术的融合都可以在具体的情境中做到多元共生。

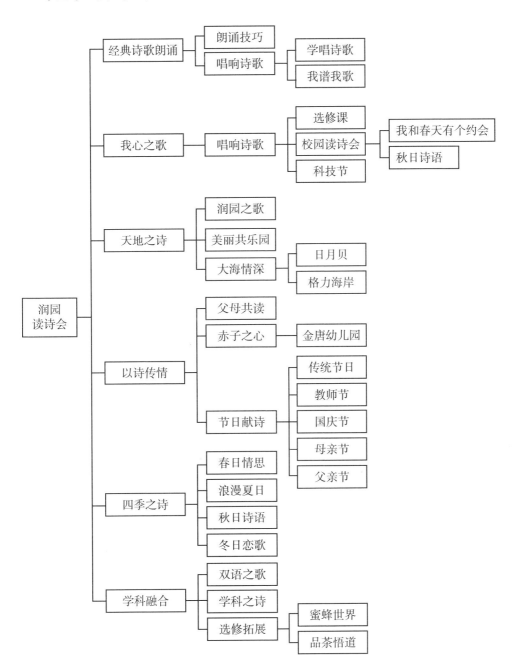

（四）课程框架

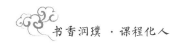

（五）课程安排

教学时数：20 节

课时安排：每周一下午选修课

场地：

教室

室外（润园、共乐园、大学校园、全唐幼儿园、日月贝、格力海岸滨海公园）

设施：摄像机、移动音箱话筒

班级规模：15 人

王小波说："一个人只拥有此生此世是不够的，他还应该拥有诗意的世界。"①

电影《死亡诗社》里也有一段话："我们读诗、写诗不是因为它们好玩，而是因为我们是人类的一分子，而人类是充满激情的。没错，医学、法律、工程、商业、工程，这些都是崇高的追求，足以支撑人的一生。但诗歌、美丽、浪漫、爱情，才是我们活着的意义啊！"

"润园美如诗，诗歌美如画。逸兴歌情志，青春撷英华。"希望通过"润园读诗会"这一选修课，孩子们能热爱诗歌，热爱生活，变得自信，懂得人生之真谛，撷取青春之英华。

---

①王小波．万寿寺 [M]．北京：北京十月文艺出版社，2019：332.

十二、模拟天下事　联合润园人

——模拟联合国（朱娜）

　　模拟联合国活动源自美国，是一项历史悠久、开展广泛的学生活动。早在1923年，联合国还未成立之时，美国就有一批学生对国际组织、国际政治充满了浓厚的兴趣。他们活跃在哈佛大学和其他大学的校园里，举办了跨学科的针对国际联盟的模拟活动——模拟国际联盟会议。1945年联合国的成立引起了世界人民的广泛热情。1951年，美国伯克利加利福尼亚大学率先成立了模拟联合国团队，开始进行模拟联合国活动。1951年4月在斯坦福大学创立的美国远西部模拟联合国大会则成为了世界上最早的持续性举办模拟联合国大会的模拟活动。

　　中国高校首次模拟联合国会议诞生在1995年的外交学院，首次高中生模拟联合国会议是2005年在北京大学举办的全国中学生模拟联合国会议。模拟联合国活动关注的问题广泛，大都是当今各国面临的热点问题。在这样一个充满激情和挑战的全球化时代，在我国改革开放继续深化、国际局势依然复杂多变的背景下，高中阶段开设这门选修课，让学生积极参与到这项活动中，不仅有助于增强同学们对联合国的了解，更为同学们打开一扇窗，提供了一个舞台，让大家关心世界，用国际眼光来思考问题、讨论问题。中国的未来属于青年人，正如习近平总书记在党的十九大报告中指出的："青年兴则国家兴，青年强则国家强。青年一代有理想、有本领、有担当，国家就有前途，民族就有希望。中国梦是历史的、现实的，也是未来的；是我们这一代的，更是青年一代的。中华民族伟大复兴的中国梦始终将在一代代青年的接力奋斗中变为现实。"[1] 高中阶段的模拟联合国校本选修课，帮助青年学生树立国际视野，为其将来成为担当民族复兴大任的时代新人打好政治认同、思想认同和情感认同的基础。

（一）课程主要内容

模拟联合国课程内容主要分为基本知识讲解和学生活动两部分。在选修课的实际上课过程中，这两个部分是穿插进行的。比如说动议，在何时动议、如何动议这个知识点上，会设置特定的话题去引导学生理解。在基本知识讲解中，重点介绍模拟联合国的议事规则、流程、文件写作、如何做代表以及会议中的技巧等基本知识，这个过程的教学手段主要是利用幻灯片。同时，也会在网络上选取相关的比赛视频，让学生更能直观地感受到相关知识点在比赛过程中的作用。

学生活动主要是学生扮演各个国家的外交官，围绕国际上的热点问题召开模拟联合国大会，通过阐述观点、政策辩论、投票表决、做出决议等活动，熟悉联合国的运作方式，了解人类所面临的共同问题，思考自身可以发挥的作用。选修课开课三年多以来，我们先后模拟过叙利亚危局、英国退欧对欧盟未来战略规划的影响、东北亚危机以及如何促进世界旅游业的可持续发展等话题，提起了学生对学习政治的热情以及深度分析国际政治的勇气，既开阔了学生的视野，无形中也增强了学生对高中政治课的热情。

（二）课程特色与内涵

"模拟联合国"这门选修课不仅仅是简单的"角色扮演"，也不仅仅是英语秀或英文辩论赛，它要求学生具有强烈的责任意识和合作态度，明白自己所肩负的使命以及对国家和全球的重大责任。我们这堂课既能促进学生对知识点的理解，

---

①习近平.决胜全面建成小康社会 夺取新时代中国特色社会主义伟大胜利：在中国共产党第十九次全国代表大会上的报告 [M].北京：人民出版社，2017：70.

又能对学生政治思维能力进行培养。所以在选修课上我们最常用的模式就是开设小型的模拟联合国会议，让学生运用基本的模联规则，表达对各种政治问题的看法，在不断磋商的过程中形成自己的政治思维与立场。这门选修课主要是培养学生的以领导力为核心的综合素养，对学生能力的培养具体包括以下几个方面：

审时度势，据理力争。在会议的适当时机，学生要熟练运用正式辩论、非正式辩论、动议、磋商、起草工作文件、传达意向条文等，争取发言和游说的机会。在会议的过程中，各方代表要持有国家平等思想和小心谨慎的谦虚态度。这个过程可以增进学生对所代表国家的了解。

团队协作，寻求支持。团队精神在模拟联合国大会中也比较重要。模拟联合国有一个最常见的模式就是双代表制，那么同一个国家的两名代表之间就要学会协作谦让，共同维护国家利益，这个过程可以增进学生的团结能力。此外，同盟国之间应该通力合作，互相支持，以谋求共同发展。这也有利于学生去学习如何增强国家与国家之间的联盟力，也增强了我们作为一个公民应有的意识和担当，强化了责任感和爱国情，激发了正能量。

求同存异，妥协共赢。模拟联合国的存在意义是让学生去尝试解决国家之间的利益纷争。一次成功的模拟联合国大会应该有决议案通过，也就是能让大多数国家达成共识。这种共识就是建立在反复辩论、不断磋商、互相妥协的基础之上的。在模拟联合国大会上，无论是超级大国，还是经济落后的发展中国家，都必须有所妥协，才能与他国达成共识，从而促成合作。模拟联合国对学生的全面成长与发展、对培养复合型人才和打造外交后备军大有裨益，这也正是模拟联合国的魅力所在，也是模拟联合国广受学生喜爱的原因。

（三）课程实践与反思

在这几年的选修课上课过程中，我也在和学生一起学习、成长，第一次在高中开设这门选修课，我们没有太多的经验可以借鉴，上课的内容与模式都需要探索和实验。这个过程中，我们参与过两次大型的模拟联合国大会，分别是 2016 年的粤港澳模拟联合国大会和 2019 的首届北师大联盟模拟联合国大会，都取得了优异的成绩。我们师生也积累了一些经验，取得了一些成绩，当然我们在授课的过程中也遇到过现实的困难。

这门选修课带来的最大领悟是可以让我们去了解那些之前不了解的东西，同时最重要的是能够帮助学生重新了解那些曾经了解的东西。模拟联合国这门选修课超越了任何一个单一的学科，它给学生提供了一个真实的可以模拟的平台，把政治、历史等相关学科知识点灵活地串联起来，让学生像解决真实的问题一样去运用这些知识，去主动地探索更深层次的领域。这也让我们师生共同努力去把这门课建设得更加成熟，为学生打开一扇窗，让老师发现学生更多的闪光点。正如习近平总书记的论述："创新可大可小，揭示一条规律是创新，提出一种学说是创新，阐明一个道理是创新，创造一种解决问题的办法也是创新。"[1]

（四）课程面临的现状与未来

根据"主要的困难不是答案，而是问题"[2]的论述，现实课堂中面临的问题有两点。其一，我们在课堂上模拟联合国活动时候，学生代表只重点关注自己国家出现的问题，对国际热点问题略有耳闻，但不够深入，学生也倾向于代表一些大国发言，当分到弱小国家的席位时，学生明显积极性不够；其二，模拟联合国的演练没有既定的流程环节，需要学生们通过自己前期大量地对所代表国家进行调研，对议题进行探索，做好周详的准备。但即使做好了百分之百的准备，在会场上，我们也无法预料其他代表的反馈，因此这门选修课会对学生的临场反应能力要求特别高，鉴于高中生学习压力大，课余作业较多，学生的课前准备工作往往不是很详细，这种情况就会影响课堂效率。这也是这门选修课面临的一个困境，

①习近平.习近平谈治国理政：第 2 卷 [M].北京：外文出版社，2017：342.
②中共中央马克思、恩格斯、列宁、斯大林著作编译局.马克思恩格斯全集：第 1 卷 [M].北京：人民出版社，1995：203.

如何让学生在有限的时间内准备充足的资料，也是需要我们探索的领域。

在模拟联合国这门选修课中，来自不同班级的学生成为了朋友，接受了磨练，体验了外交。丘吉尔说过："没有永恒的朋友，没有永恒的敌人，只有永恒的利益。"当今的全球化时代，机遇与挑战并存，积极参与模拟联合国活动，不仅有助于学生对联合国的了解，为他们打开一扇与世界对话的窗口，也让他们树立起面对国际社会的自信和视野。习近平总书记在党的十九大报告中指出："青年一代有理想、有本领、有担当，国家就有前途，民族就有希望。"[1] 在高中校园开展模拟联合国选修课，以立德树人为根本任务，以培养担当民族复兴大任的时代新人为己任，不断开拓学生国际视野。"全部社会生活在本质上是实践的。凡是把理论引向神秘主义的神秘东西，都能在人的实践中以及对这种实践的理解中得到合理的解决。"[2] 模拟联合国选修课立足于实践创新的价值取向，激发青年学生在生活中坚持正确的价值取向，激励青年学生立足于当代中国正在发生的广泛而深刻的变革，树立勇于探索的开拓精神。

[1] 习近平.决胜全面建成小康社会 夺取新时代中国特色社会主义伟大胜利：在中国共产党第十九次全国代表大会上的报告 [M]. 北京：人民出版社，2017：70.

[2] 中共中央马克思恩格斯列宁斯大林著作编译局.马克思恩格斯文集：第1卷 [M]. 北京：人民出版社，2009：501.

十三、一个 APP 的诞生（郑鲁芳）

（一）课程背景

随着智能手机的普及，人们越来越依赖于手机 App 软件（Application，即应用软件，通常是指 iphone、安卓等手机应用软件）进行工作、交流、学习、购物、拍照、游戏和娱乐等活动，手机已经成为个人生活中的必需品。智能手机伴随着当代学生的成长，学生有时已经不满足于仅在自己的智能手机上使用 APP，他们有时想要改进一个 APP，或者有一个绝妙的主意想通过手机应用实现。MIT APP Inventor 对学生来说是一个很好的起点。

在安卓平台，APP 开发需要具备 Java 语言知识，需要能够调试程序，这阻碍了很多有创意却苦于没有经过编程训练的人开发 APP。APP Inventor 是 Google 实验室的创新项目，是一个完全在线开发的安卓编程环境，它抛弃复杂的程式代码而使用积木式的堆叠法来完成安卓应用。学生可以通过拖放图形化的组件和代码块，将这些代码放在一起就得到一个 APP。使用 APP Inventor 就像搭积木玩游戏一样简单，学生可以轻松创建一个安卓应用，快速完成原型设计，实现心中的创意。

（二）课程理念

本课程基于 APP inventor 设计与开发安卓应用，它作为信息技术学科扩展课程，以计算思维培养为核心，以产品设计过程为主线，以问题发现与问题解决为主导，融合多学科知识，做有意义的设计。

课程设计体现了基础性、思维培养、真实性、实践性四个特点。基础性，体现在注重基础知识（APP inventor 组件及使用、图标设计）及基本方法的掌握；思维培养，体现在课程注重学生思维的培养，尤其是计算思维的培养，利用支架式教学策略帮助学生形成计算思维；真实性，体现在课程强调发现真实问题、解决现实问题，以产品开发的工作视角创建生成作品；实践性，体现在课程以任务驱动的方式让学生在做中学，通过项目学习创建自己的作品，亲历产品形成的整个过程。

基础知识与基本能力的形成是学生能够独立解决问题、创建作品的必要条件，因此，本课程注重基础知识与基本方法的学习。课程分析了应用中常用的基本组件，针对这些基本组件设置了任务案例，学生在任务完成中学习基本组件的使用。同时，不会针对每一个组件进行详细介绍，而是向学生介绍学习组件的基本方法，学生举一反三学习其他的组件使用方法，在做任务的过程中加以学习与掌握。

课程注重思维的培养与习惯的形成。制作手机 APP 的方法手段多种多样，可以通过 Java 编程，也可以使用专业平台傻瓜式设计完成，但是问题解决的思路以及用到的方法相似，总要经历发现问题、分析需求、界面设计、编程、调试、修改等环节。按照本校学生的学习特点，课程中的案例使用学习支架引导学生分析问题、抽象问题、自动化解决问题，培养学生的计算思维；强调变量名命名、过程使用等，让学生形成日后受用的好习惯。

课程强调学生要以产品开发的工作视角发现解决生活学习中真实的问题，并通过项目实现产品的开发。课程努力尝试改变学生"学习没有实际意义""学了不知怎么用"的固有看法，要学生学会发现解决实际问题，学会用产品设计与运营的视角看学习，让学生切实体会到学习的意义，从而改变学生的学习态度，提高学习兴趣与学习效率。

（三）课程目标

本课程围绕"安卓手机 APP 的开发"进行展开，综合性比较强，旨在培养学生发现和提出问题、利用技术解决问题的能力，将创意和方案转化为有形物品或对已有物品进行改造与优化，在实践中创新；学习过程中学生有效获取、评估、使用信息，坚持以人为本分析问题需求，综合比较、审慎选择合适的技术实现产品功能，在此基础上艺术化表达展示创意；学生在问题解决与项目实践中，形成计算思维与产品意识。本课程为信息技术学科的扩展课程，倡导鼓励学生发现实际生活中的问题，侧重计算思维的培养，融入多学科知识，让学生利用技术解决问题、完成作品的过程中形成产品意识。课程具体目标总结如下：

学生能够掌握 APP Inventor 开发安卓 APP 的基础知识：组件的功能及使用、变量、过程、简单算法等；

能够发现问题、分析问题，利用计算思维解决问题；

创建作品过程中能够有意识对 UI 进行设计，艺术化表达自己的产品设计；

学生能够在项目学习中分工明确、交流讨论、合作探究，共同完成项目作品；

（四）课程实施与评价

内容分三部分，各部分采用不同的教学方式和方法，如下表所示：

主要内容		教学方法	组织形式	评价	课时数	场地及设施	班级规模
APP Inventor 基础知识学习		任务驱动问题驱动	小组合作学习	占总分25%	18	计算机网络教室	50 以内
APP 怎样设计受欢迎	APP 调查	讨论法	小组合作	占总分5%	3		
	如何产生创意？	讲授法头脑风暴法	小组讨论		2		
	UI 设计	示范教学	集体授课	占总分15%	15		
创建自己的 APP		项目教学	小组合作	占总分55%	8		

课程评价综合采用多种评价方式：案例学习过程中对每个任务完成情况进行

打分，该部分过程性评价占总分的40%；APP调查及创意部分占总分的5%；创建自己的APP项目学习结果占总分的55%，其中自评占15%，互评占20%，作品占65%。

第一部分"APP Inventor基础知识学习"中，该部分设置了漫画书、涂鸦板、打地鼠等多个案例任务，学生在任务中学习组件功能及其使用方法。这些案例基本涵盖了常用的组件，同时兼顾融合其他学科的知识，比如"愤怒的小鸟"蕴含物理曲线运动的知识，"听音练习"利用技术进行音乐学习，"手机控制LED灯"将软件与硬件相结合。

第二部分为"APP怎样设计受欢迎"，该部分按照调查、讨论、UI设计知识学习三部分层层递进展开设置。首先，学生选取不同角度对APP进行调查，初步形成影响APP评分的影响因素；其次，针对创意这个影响因素，教师分享一些经典案例，师生头脑风暴，初步形成一些创意想法；最后，关于UI设计这个影响因素，设置了UI设计基础知识，并从字体、质感、立体图标等多方面给出实例让学生学习手机应用图标设计。

第三部分为"创建自己的APP"。在前两部分学习的基础上，学生基本具备通过编程实现应用功能、UI设计艺术化表达展示的能力，可以进行项目学习自主设计APP。学生经历发现问题、功能实现、UI设计、调试发布等阶段，最终完成自己的作品。

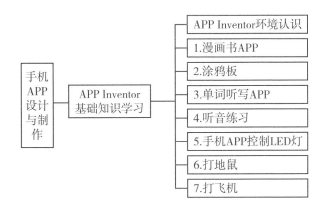

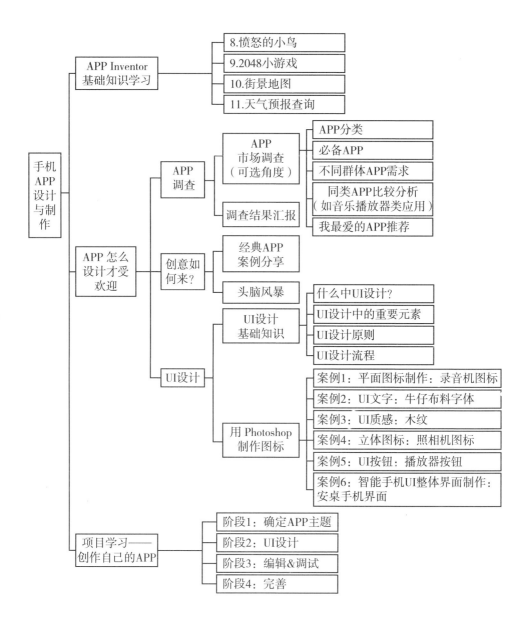

十四、造物空间

——3D 建模与设计（刘子陶）

（一）课程背景

2015 年 3 月李克强总理在政府工作报告中提出"大众创业、万众创新"。随后 3 月国务院办公厅印发《关于发展众创空间推进大众创新创业的指导意见》，正式开展部署推进相关工作。"创客教育"也很快成为学校推动教育改革的重要一环，并涌现出一系列的创客活动，其中包括 3D 设计、3D 打印。

2017 年 9 月 25 日，教育部印发了《中小学综合实践活动课程指导纲要》。指出综合实践活动课程是义务教育和普通高中课程方案规定的必修课程，与学科课程并列设置，从小学到高中，各年级全面实施，所有学生都要学习，都要参加。在纲要的附件 5《设计制作活动（劳动技术）推荐主题及其说明》中，首次明确提出"3D 设计与打印技术的初步应用"的推荐主题及其说明：了解 3D 打印技术原理，学习三维建模的方法和使用 3D 打印机的方法，了解 3D 打印的限制条件，学习产品设计应考虑的基本原则以及设计中的人机关系；运用 3D 打印技术进行创新设计，打印简单模型。认识与掌握先进技术，提高创新设计能力。有条件的学校可以配备具有多种打印方式与打印材料的 3D 打印机。

（二）课程设计理念及目标

培养学生创意物化能力。作为学校综合实践课程中的重要课程，3D 打印是培养学生创意造物能力的关键手段，3D 打印在欧美等发达国家都已经普遍进入

了中小学课堂。

在 3D 设计的课程中培养学生的创造力，让学生通过建模设计，理解和尊重文化艺术的多样性，培养学生进行艺术表达和创意表现的兴趣。课程主要以任务驱动学习，培养探究能力，增强学生好奇心和想象力，并能大胆尝试，积极寻求有效的解决问题的方法。本课程主要以视频和案例为学习主线，学生必须动手操作实践，掌握一定的创作技能。设计是为了更好地解决现实世界存在的问题，所以仅仅掌握设计技巧是不够的，必须要同时了解其他学科的知识体系，跨学科融合，才能让学生设计出实用有价值的作品。

本课程的目标是让学生把创意物化，积极参与动手操作实践，熟练掌握多种操作技能，综合运用技能解决生活中的问题。增强创意设计、动手操作、技术应用和物化能力，形成在实践操作中学习的意识，提高综合解决问题的能力。

（三）课程设计及实施

现阶段 3D 建模设计软件很多，如何选择一款学生容易上手及具有可持续发展的软件尤为重要。鉴于"全国中小学电脑制作活动"中的 3D 创意设计比赛的软件环境要求，本课程选用 3D One 这款软件授课。

3D One 是专为中小学教育开发打造的 3D 设计软件，致力于学生思维能力的提高，实现创新素质教育的发展。因此，3D One 具备简单易用的程序环境，支持专业级的涂鸦式平面草图绘制，可进行丰富实用的 3D 实体设计，提供多种多样的显示控制，还能通过内嵌于软件的社区网站，下载 3D 打印模型。3D One 将这些强大的功能与简单易用的程序环境相结合，使得学生们更易上手。

本课程分两个阶段，第一阶段是基础课程学习，主要是培养学生兴趣，提升实践能力；第二阶段是社团兴趣小组学习，主要是发展学生个性，挖掘潜能。

1. 第一阶段——基础课程学习

本课程针对零基础学生开展，在网络教室进行学习。

（1）入门课程（预计8课时）：以"教师引导，学生自主"为主，整理制定八章入门视频教程，通过知识点讲解及每章任务让学生入门3D建模与设计。

（2）进阶课程（预计10课时）：通过前面的入门课程，学生都能掌握到一定的基础及操作设计技能，将任务升级，布置贴近生活的实物让学生进行设计，并有配套设计视频教程及案列文档说明，让学生继续强化设计技能。

（3）综合评价课程（预计5课时）：布置最终考核任务。

每年"全国中小学电脑制作活动"比赛的3D创意设计主题都是经过专家制定的，题目的立意都比较正面积极，并且具有一定的思考空间，让每个学生针对题目都有很好的创意发挥。所以最终任务以历年比赛题目为参考，要求学生根据主题进行设计。在提交作品后组织学生分享及互评创作成果。

学生通过发现问题的思路，发挥创意，设计一个可以解决问题或改善现状的创意作品。作品在充分发挥想象力的同时，又要兼顾现实合理性及可实现性，如果仅仅只掌握3D设计软件的操作技巧是远远不够的。例如："保护地球的'眼睛'"这个主题，学生需要经过主题的探究及分析，了解当今时代人类如何关爱生态环境，如何正确认识人与自然的关系，如何运用创新的手段去减少对生态环境的损害。为了设计出符合主题的作品，就必须联系实际，运用到其他学科的知识。所以综合的主题任务设计是对学生跨学科学习融合的一次重要实践。

作品制作完毕后，学生需要制作设计说明，并给其他学生介绍作品设计理念及作用。作品评价采用多种评价方式，学生自评占15%，学生互评占60%，老师评价占25%。

2 第二阶段——社团兴趣小组学习

通过基础课程的学习，寻找对3D建模设计有兴趣及能力突出的学生组建社团，进行课外活动及课程教学。增加3D打印机的使用，定期鼓励学生把设计物品进行3D打印，同时鼓励学生参加"全国中小学电脑制作活动"等3D创意设计比赛。

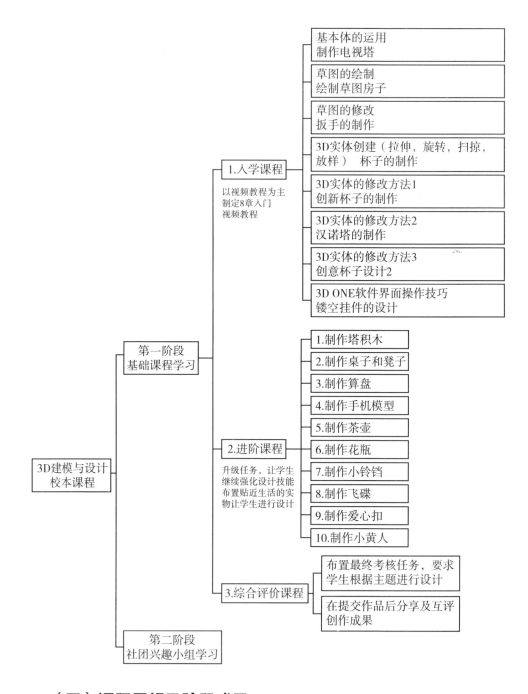

（四）课程展望及阶段成果

课程的开设与学习促进学生发掘到兴趣点，从而热爱上 3D 设计与建模。课程兼顾普及性学习及个性学习，关注每个学生的不同需求，给学生自由发展的空间。希望学生能从实践中累积经验，培养学生具有问题解决、创意物化等方面的能力。

为了让学生的兴趣能得到更全面的发展，鼓励学生多参加各种比赛，通过比赛提升学生各方面的能力。本课程开展时间比较短，但经过师生的努力，在第二十届广东省中小学电脑制作活动的 3D 创意设计项目中，王廷轩同学获得省级三等奖的荣誉。

典型案例篇

学校近十年来在各个方面逐步积累相关课程资源，以资源库的形式来推动校本课程的深度发展。把每个学期中开展得比较完善富有特色的课程，收集整理进一步凝练，储入学校的课程资源库，供后来的师生参考，形成附中特有的文化积淀，浸润滋养更多的附中学子。目前，学校已经收集整理各类课程，初步形成了多样丰富的课程群。以下篇章将以教学案例（实录）形式呈现特色课程剪影。

一、初识版画黑与白的艺术（秦芳）

【同构教师】角色 A：北京师范大学（珠海）附属高级中学　秦芳

角色 B：阳江市阳东一中　冯晓雪

【授课时间】2018 年 4 月 17 日

【授课学校班级】阳江市阳东一中高一年级艺术班

【教学目标】

一、知识与技能

1. 知道版画的定义。

2. 了解并学会版画的制作过程。

3. 认识版画的工具和掌握简单的雕刻技巧，掌握版画创作的基本要求。

二、过程与方法

1. 通过实物对比，理解版画的基本定义。

2. 通过刀法实践，现场使用手中的版画工具刻制出相应的痕迹，初步掌握工具的特性，了解版画创作的基本过程。

3. 以"海洋"为主题进行创作，掌握版画创作的基本方法。

三、情感态度与价值观

1. 培养良好的审美素养。

2. 在实践中培养并提高学生图像识读的能力。

3. 培养学生表达自己的认识和观点的能力，以版画为载体作为美术表现的途径，并培养学生的条理性和次序性。

【**重点定位**】版画的定义；版画的创作过程。

【**难点挖掘**】版画的创作及过程。

【**学情特点**】阳东一中高一的学生是学校的艺术生，相对普通的文化生，他们有一定的专业能力，动手能力强，同时活泼好动，注意力很难集中，对课堂教学的美术专业性和趣味性要求很高。单纯以讲授的形式传播版画类知识，很难引起学生的兴趣。但是对于本校未曾开设的课程——版画，并且是两个老师同课同构课程，学生对这种教学模式比较感兴趣，能够积极主动地投入到课堂学习中来。

【**教具学具**】

教具：版画作品若干、木刻板、木刻刀、版画油墨、凸版画磨拓、墨滚、磨拓、橡皮、铅笔、宣纸、玻璃等。

学具：铅笔、纸、木刻板、木刻刀等。

【**教学过程**】

教学环节	教师活动	学生活动	设计意图	时间分配
导入新课	两位老师以相声的形式开场。 A 教师展示人民币 B 老师：人民币是生活中常见并不可或缺的物品，人民币，是我们最熟悉的交易货币。 A 教师向学生提问：在大家接触人民币的时候有没有认真去观察过人民币的设计是运用的哪一个艺术门类呢？" B 教师汇总学生回答，引出新课，并展示本课课题。 	通过教师们的互动，在教师们的带动下思考版画是什么，并积极回答老师们的问题。	以相声的形式开场提高学生学习的兴趣，同时体现师师互动；设置疑问，激发学生思考，同时体现师生互动。	3'
新知教学	B 教师提问：哪一幅是版画？ **哪一幅是版画？** 	回答问题，加深版画视觉形象特点的理解与记忆。	通过图片演示和提问，学生对版画的基本面貌有了更清晰、更直观的认识，学生能根据刚才的知识知道版画的视觉形态的主要特征。	5'

123

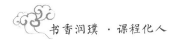
续表

教学环节	教师活动	学生活动	设计意图	时间分配
新知教学	【对话】 A 教师：是不是上面第二幅？ B 老师：不是。 A 教师：同学们认为呢？ B 老师总结：第三幅具有独特的黑白肌理的韵味。 B 教师提问：什么是版画？ 【对话】 A 教师：是不是在板子上画画？ B 老师：不是。 A 教师：版画也是绘画艺术之一。哦，那就是绘画嘛！不是一样吗？ B 老师：有区别的是，它以刀或笔为工具，在不同材料的版面上刻画，然后涂上油墨或其它颜料，再转印到纸或纺织品上，一张板可以有限地复制出多份相同而不影响其艺术价值的原作。它是由单纯复制图画逐渐发展成一种由作者自刻自印的独立的艺术形式。版画制作的每一道程序都能反映出作者的创作功底。	聆听 回答 思考版画的定义，积极回答问题。	培养学生的发散性思维，让学生知道版画的基本定义，和其他的绘画形式相区分。	5′
新知教学（版画的制作过程）	B 教师：一幅版画作品究竟是怎么诞生的呢？ A 教师展示版画创作的过程。（八部曲） B 教师提问：八道程序中，哪一道程序耗时最长？ A 教师：当然是修稿环节。	观看展示版画创作的过程微视频，直观衣服版画作品的诞生。 思考、观看 学生思考、总结、聆听、回答。	视频给学生视觉上的冲击力，让学生直观感受一幅版画作品诞生的过程。 抛出问题，使学生具有寻找答案的热情。培育表达能力，使学生更清晰地了解一幅版画作品的诞生。	5′

教学环节	教师活动	学生活动	设计意图	时间分配
新知教学（版画的创作实践）	实践任务一： B 教师提问：刻版有那么难吗？ A 教师：要不我们一起来试一试？（引导学生进行刀法实践，并要求注意用刀安全。） **任务：请使用木刻刀在板子的背面刻出痕迹。** **要求：使用木刻刀；了解每一种刻刀的痕迹。** B 教师提问：每一把刻刀出现的肌理都相同吗？（要求学生进行作品鉴赏与分析。） 作品鉴赏与分析 三角刀 A 教师讲解和总结：每一把刻刀所产生的肌理都各不相同。 刻刀与肌理 三角刀 斜刀 圆刀 教师现场示范正确的用刀方法以及展示每把刻刀所产生的肌理，引导学生回顾并动手实践。要求学生对刻刀的肌理进行第二次练习。 实践任务二： B 教师：正是刻刀下的点线面构成了一幅幅形态各异的版画作品。 A 教师：是的。下面请进行实践任务来总结并回顾一幅版画作品诞生的八步曲。 活动 ✚ 海洋的畅想 1、请闭上眼睛想想一下你心中的海洋！ 2、请谈一谈你认为海洋应该是什么样的？ 海浪　海洋生物　船　鱼和海草	思考 尝试在教师未示范和讲解的情况下进行刀法实践。 根据刚获得的实践经验进行版画作品的鉴赏与分析。 在教师讲解和示范的基础之上再次动手实践，修正上一步中自主学习所遇到的问题和困难，并加深学生的印象，进一步掌握知识技巧。	通过提问，引起学生进行刀法实践的兴趣。 组织学生亲自动手实践，培养实践动手能力、自主探究能力，主要是试错。 通过实践，学生与学生之间进行直接的互动，在互动中使学生对刻刀的肌理有一个认识。 激发学生的求知欲 通过再次实践总结使学生进行知识内化。	5' 15'

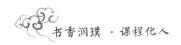

续表

教学环节	教师活动	学生活动	设计意图	时间分配
新知教学 （版画的 创作实践）	创作实践（一） 任务：以"海洋"为题创作一幅版画作品。 要求：1.可挑选喜欢的一种或者多种刀具；2.时间为15分钟；3.老师会挑选一幅较为完整的作品印出来。 创作实践（二） 任务：把以"海洋"为题创作的版画作品拓印出来。 要求：1、将挑选的较为完整的作品印出来；2、需要5位志愿者。 创作实践（三） 任务：请为版画作品签名。 版画的题签：按照国际规定，版画题签必须由画家本人用铅笔在紧靠画面底沿处自左至右依次注明印数、画题、作者签名、创作年代。	用刻刀去表现海洋，实践运用肌理去进行版画创作。 体验一幅版画作品的诞生并了解、题签等方面的具体要求和知识点。	趁热打铁，让学生将刚刚学到的知识进行实践运用，去解决实际的问题。 通过版画创作的各个环节的体验，培养学生的创作意识的同时，培养学生的条理性和次序性。	8'
总结 拓展部分 （一幅成功的版画作品的要点）	A 教师：除可复制性以外版画还具备哪些特点？ 版画除了木刻，其他的种类有哪些？ 一幅成功的版画作品必须具备那些重要的因素？ B 教师解释这节课的"黑"和"白"，是黑白木刻版画的基本特点，点题结束课堂。	思考，讨论 学生记忆 聆听	开发和拓展学生发散性思维，培养学生综合能力，使学生对知识的印象更为深刻。 理清本节课的思路与知识点。	4'

【触觉延伸】

一、心路历程

1.珠海同课同构思潮

跨地区的同课同构是一个非常令人激动的好点子。在此之前，总觉得课堂需要一些新意，特别是课堂的实践操作环节和创作引导环节，需要更加合理的课堂设置与配合。如果我的现有的课堂搬到另外的环境中，是否能满足该地区学校学生的学习需求？新加入的伙伴就很好地补齐了这一短板，她熟悉环境和学生学情，知晓他们的喜恶，使得我们的支教交流课进展顺利。

2. 选题背景

这是一次支教交流活动，和以往不同的是，要和被帮扶地区老师站在同一个课堂上，和学生一起共同去呈现一堂课，没有办法提前演练。于是在前期的沟通中，我们尽量根据阳东一中学生的学情来选择课题。

阳东一中高一的学生是学校的艺术生，相对普通的文化生，他们有一定的专业能力，动手能力强，同时活泼好动，注意力很难集中，对课堂教学的美术专业性和趣味性要求很高。本校未曾开设的课程——版画能够吸引他们眼球。在具体教学中降低了学生课堂实践的难度，以初识版画—了解版画是什么—体验版画的刀、木等工具的特点—感受刀、木韵味—尝试创新创作，为课程的主线。

3. 课题与内容选取方面的困难

本课主线确定以后，接下来的课程设计相对而言比较顺利。但是在进一步实施方面遇到了困难，学生第一次接触版画课就要求尝试进行创新创作。要确定什么主题呢？难道天马行空？这很有可能因为难度过高，学生完成不了，也有可能难度过低，画面效果不符合高中学生的年龄段，而显得幼稚不成熟等等，那最终的课堂作品呈现效果势必会强差人意。于是在我们的苦思冥想下，最终确定以"海洋"为课程实践创作的主题，学生可以根据自身情况可深可浅去进行创作表达。课题与内容最终敲定。

二、分析总结

1. 教学目标的达成情况

学生知道了版画的定义，了解并学会版画的制作过程，认识版画的工具和简单的雕刻技巧，掌握版画创作的基本要求。通过实物对比，理解版画的基本定义。通过刀法实践，现场使用手中的刻刀刻制出相应的痕迹，初步掌握工具的特性，了解版画创作的基本过程。通过以"海洋"为创作实践主题进行创作，掌握版画创作的基本方法。培养了良好的审美素养，在实践中培养并提高学生图像识读的能力，培养了以版画为载体作为美术表现的途径表达自己的认识和观点，并

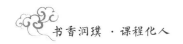

培养学生的条理性和次序性。

2. 教学方法及手段的有效性

通过"问答法""讲授法""实验法""演示法"等多种教学方法，学生能更好地理解知识点，把握重难点。

3. 教学重点及难点的突破

学生通过实践掌握了版画刻刀的肌理以及一幅版画的创作过程这两项重点知识，通过视频、现场示范演示突破了版画作品的完成过程这一难点，通过实践创作体验又突破了所学版画刻刀肌理知识点怎样运用于创作这一难点。

4. 教学实践设计的有效性分析

本节课涉及操作比较繁琐的刻刀肌理以及一幅版画作品的诞生过程，并通过学生体验版画作品的诞生过程将其运用于版画作品创作中。课上通过视频和图片的形式展现出来，不但减少了课堂的时间，学生还能清晰地了解到相关知识。比较简单但又突出重点。先由学生自己实践体验，学习教师示范之后再体验，这样不仅可以提高学生的学习兴趣，还能使学生对所学的知识印象深刻。

5. 课堂交流的设计及效果分析

两位性格相类似的美术教师课堂上配合默契，分工明确，课堂连接自然，都能把本节课涉及的知识点给学生清晰地讲解，学生积极性高，学习气氛热烈。在师师互动方面有待进一步提高，师师互动有稍许牵强，希望下次能出现更精彩的师师互动情景。

【教学评价】

教师评价

1. 珠海市教研中心艺术教研员何流老师对本节课点评如下：

《初识版画黑与白的艺术》"同课同构"的美术示范性课例，两位性格、相貌相类似的老师，在课堂上的精彩表现，很好地体现了"同课同构"的魅力之所在！两个不同地方的教师因为要同上一节课，本应需要深度备课磨合，需要深度沟通互助，可是仅仅只是使用了一个晚上的时间就在理念上和思想上进行了深度的融合，秦老师作为珠海市版画工作室主持人选择了一个版画的课题，选择了阳东一中学生没有开设过的课程，和冯老师进行了天衣无缝的搭配，使用探究为主的教学方法和手段，让学生在不断试错的过程中总结知识点，内化知识点，课堂受到了热烈的欢迎，达到了"同课同构"的价值所在——"1＋1>2"！

2. 珠海市心理兼职教研员单佳楠老师对本节课点评如下：

其实，在美术学科中类似的教研活动早已全面铺开，比如多人同画一个模特等。只是没有一个将这一活动清晰地以理论的形式界定为"同课同构"。两位老师同时出现在课堂上，虽然没有现成的教材及教参作为参考，但却是一个很好的尝试。在这之中，两位老师都提前进行了精心的准备。本节课中，学生通过实践掌握了版画的刻刀肌理以及一幅版画的诞生创作过程这两项重点知识，通过视频、现场示范演示突破了版画作品的完成过程这一难点，通过实践创作体验又突破了所学版画刻刀肌理知识点怎样运用于创作的另一难点。版画的工具繁多，会引起学生的兴趣，同时也意味着课堂的管理难题，如学生的用刀安全等等，很考验教师的课堂掌控能力。"同课同构"就很好的解决了这个问题，课堂发挥出了"1+1>2"的魔力。

二、两个变量的线性相关（吴爱国）

（一）教学内容解析

本节内容通过思考栏目"物理成绩与数学成绩之间的关系"引导学生观察变量之间的关系，体会现实世界中存在的函数关系之外的相关关系。再通过探究人体脂肪含量与年龄之间的相关关系，学会分析散点图的分布规律，从而提出正相关、负相关、回归直线的概念，并进一步讨论如何求回归直线。通过对回归直线拟合效果的讨论，提出以 n 个偏差的绝对值和作为"整体距离"的判别方法，由此得到最小二乘法原理和基于此原理下的线性回归方程的系数公式，并应用公式建立实际问题中的线性回归方程。

（二）教学目标设置

要求学生能利用散点图直观认识变量间的相关关系，探究用不同估算方法描述两个变量之间的线性关系，学会用数量来描述现实关系。理解回归直线的概念，并尝试用多种方法求回归直线并判别拟合效果。知道最小二乘法的思想，了解其公式的推导过程，并能利用公式建立线性回归方程。

教学重点与难点如下：

重点：理解变量之间的相关关系；利用散点图直观认识两个变量之间线性关系；了解最小二乘法原理；根据给出的线性回归方程的系数公式建立线性回归方程。

难点：回归思想的建立；最小二乘法原理。

（三）学情分析

学生在《数学1》第三章"函数的应用"中已学习利用待定系数法进行函数模型的拟合，并能根据数据做散点图。在《数学3》本节内容之前，也学习了统计抽样的概念与方法和用样本估计总体的统计思想。基于以上情况，本节内容并非空穴来风，但由于线性回归方程系数公式的推导较为繁琐，所以理解起来比较困难，且笔算几乎不可能，造成学生学习此节内容较为困难。

（四）教学策略分析

由于本节内容计算繁琐，所以利用信息技术手段辅助教学。本教学设计利用TI-Nspire 无线网络教学系统，学生每人一台 TI-Nspire CX CAS 中文彩屏图形计算器。

利用具有"移动数理实验室"特点的图形计算器，通过强大的 CAS 代数运算功能，将繁琐的笔算交给机器，强化学习过程中的数学思维与算理（解题步骤与思想方法）。通过 TI-Nspire 的网络教室，以调查问卷的形式，收集学生答题情况，能及时反馈效果。

基于以上教学手段的运用和本节内容的教学要求与任务，采用如下教学流程：

发现问题—收集数据—画散点图—回归直线—解决问题—试试身手—归纳小结

教学环节	教学内容	教师活动	学生活动	时间分配
（一）发现问题	1. 引例：匀速直线运动的路程与速度的关系，学生物理成绩与数学成绩的关系。	开始语：匀速直线运动的路程与速度是确定的函数关系，学生的物理成绩也与数学成绩有关系，它们是怎样的关系呢？这就是我们本节课要学习的内容。 1. 提出问题：人体的脂肪含量与年龄之间有怎样的关系？ 说明：引导学生采用统计手段，实施统计调查.	1.观看教师展示课件页面，回忆函数关系、相关关系的实例. 	5'

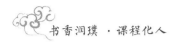

续表

教学环节	教学内容	教师活动	学生活动	时间分配
（一） 发现 问题	2. 实际问题：人体的脂肪含量与年龄之间有怎样的关系？	2.用 TI 网络教学系统调查全班同学父母胖瘦随着年龄增长的变化情况。 说明：让学生体会抽样调查，全班同学的数据是问题的样本。 过渡语：科学研究人员是如何研究人体脂肪含量与年龄之间的关系的呢？	2. 根据调查问题，结合实际情况，如实提交答案。	5'
（二） 收集数据	分析科学研究人员如何收集人体脂肪含量与年龄之间的样本数据，并对数据进行粗略估计。	1. 给出探究问题。 2. 分析：研究人员如何收集人体脂肪含量与年龄的样本数据？数据中哪些是样本平均数？ 3. 用样本估计总体：从数据大概估计人体脂肪含量与年龄之间有着怎样的关系。 过渡语：由表中数据可以进行粗略估计，能否由图形来进行更形象的估计呢？	1. 观察探究问题表中的数据，思考研究人员如何收集人体脂肪含量与年龄的样本数据，以及判断数据中哪些是样本平均数。 2. 从表中数据粗略估计人体脂肪含量与年龄之间的关系，并提交自己估计的结论。	5'
（三） 画散点图	1.作散点图分析人体脂肪含量与年龄之间的关系。	1.将数据传送给学生，引导学生运用 TI 图形计算器画出散点图。	1. 根据教师的引导，尝试利用 TI 图形计算器作出散点图。	

132

教学环节	教学内容	教师活动	学生活动	时间分配
（三） 画散点图	2. 正相关、负相关的概念。	2. 分析散点图的分布规律：散布在什么区域？大概分布在什么曲线附近？	2. 观察散点图，思考样本点的分布规律，提交自己分析的结论。	7'
	3. 举出生活中具有相关关系的一些实例，并说明是正相关，还是负相关。	3. 提出正相关、负相关的概念，并引导学生寻找生活中的实例。 过渡语：能从样本点数据得到这条直线的方程吗？	3. 回忆身边具有正相关、负相关的具体实例。	
（四） 回归直线	1. 回归直线概念：如果散点图中的点大致分布在一条直线附近，则称两个变量具有线性相关关系，这条直线叫做回归直线．讨论：如何求回归直线的方程？ 2. 运用待定系数法求回归直线方程．	1. 提出线性相关与回归直线的概念，并讨论用什么方法求回归方程。 2. 引导学生运用待定系数法求回归方程，并作出直线。 说明：关键是如何选取两点代入直线 y bx a 的方程。	1. 学习线性相关与回归直线的概念，思考如何求回归方程，提交自己所选择的方法。 2. 根据教师的引导，尝试运用待定系数法求回归方程。	5'

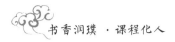
续表

教学环节	教学内容	教师活动	学生活动	时间分配
（四） 回归直线	3. 如何判断回归直线的拟合效果？如何利用"整体距离"判断？	3. 从图像很难准确判别回归直线的拟合效果，如何用数据判断？引导学生选择计算整体距离，并尝试计算。	3. 选择适合的方法判断拟合效果，并计算具体数据。	9'
	4. 最小二乘法原理及线性回归方程的系数公式。	4. 总结结论，并提出最小二乘法原理，给出回归方程系数公式。	4. 体会最小二乘法原理。 5. 在教师引导下计算回归系数。	
	5. 根据公式计算人体脂肪含量与年龄的线性回归方程，并比较拟合效果。	5. 按公式计算系数，并比较效果。		

续表

教学环节	教学内容	教师活动	学生活动	时间分配
（五）解决问题	举例：有一个同学家开了一个小卖部，他为了研究气温对热饮销售的影响，经过统计，得到一个卖出的热饮杯数与当天气温的对比表（表略）（1）画出散点图；（2）从图中发现气温与热饮杯数的规律；（3）求回归方程；（4）若当天气温为2°，预测卖出杯数。	1. 展示问题，利用 TI 网络将数据传送给学生，引导作散点图。 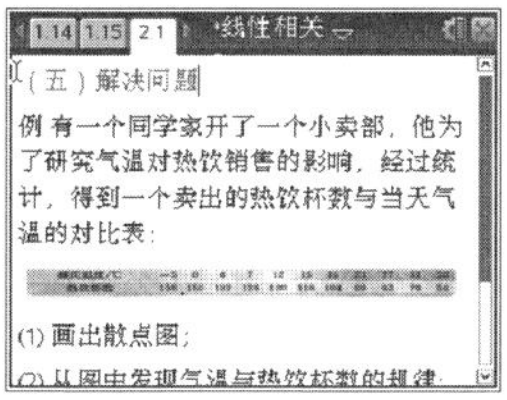 2. 引导学生由公式求回归方程。 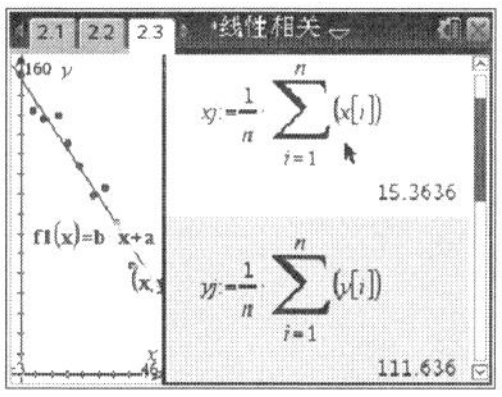	1. 尝试用 TI 作出散点图，分析气温与热饮杯数的规律。 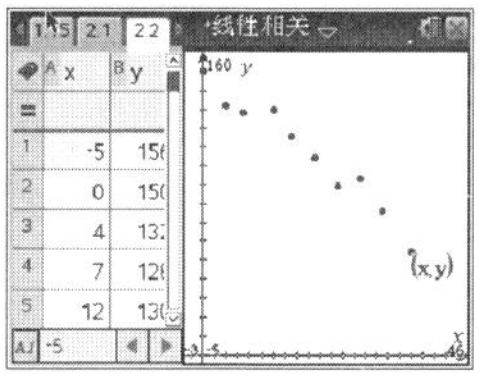 2. 根据公式求回归方程并预测。 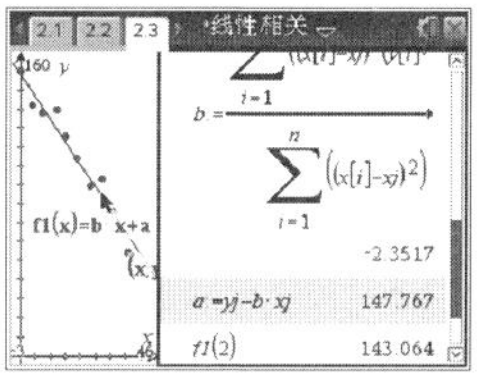	6'
（六）试试身手	练习：下表给出了某些地区的鸟的种类数与这些地区的海拔高度。试分析这些数（表略）。	1. 展示问题，引导学生分析，传送数据给学生，引导作散点图。 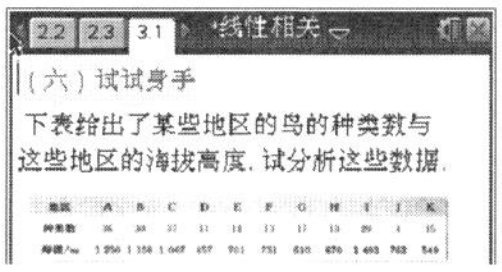 2. 引导学生利用 TI 统计功能之间求回归方程与相关系数。 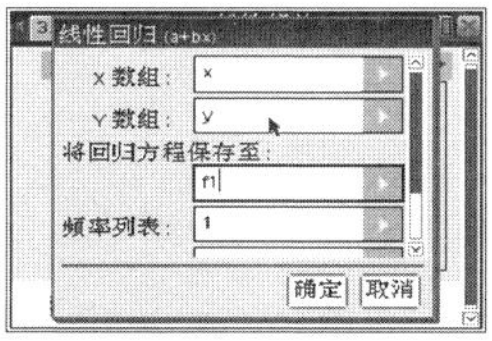	1. 尝试用 TI 作出散点图，并分析鸟的种类数与海拔高度关系。 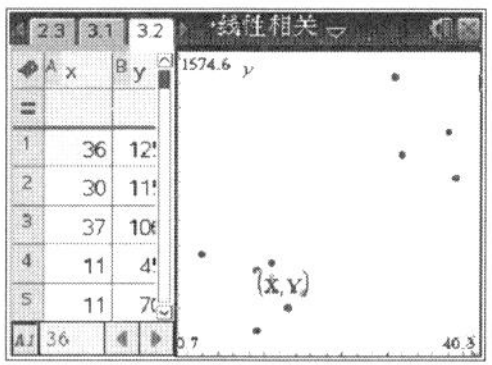 2. 直接求回归方程并判断效果。 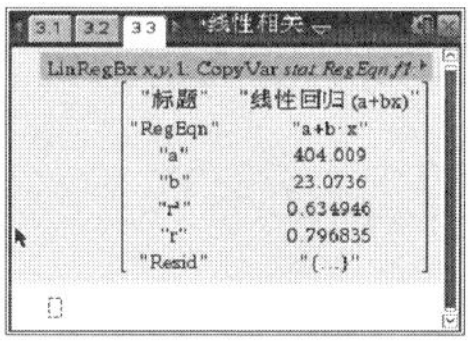	6'
（七）归纳小结	本节课学习了哪些？	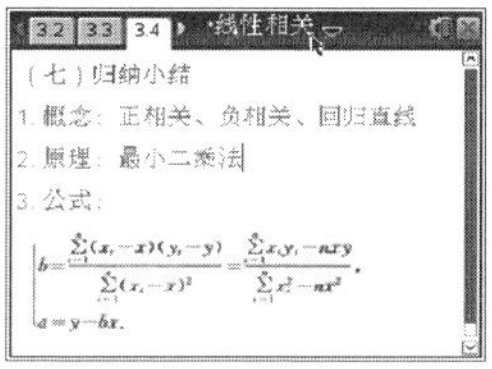	尝试归纳出本节课学习的三个概念、一个原理、一组公式，总结解决线性回归问题的步骤。	2'

三、基于 STEM 理念开展"制作泡菜并检测亚硝酸盐含量"的实验教学设计（郑耀贤）

（一）课程标准与教材分析

本实验来自人教版高中生物选修 1 专题 1 课题 3"制作泡菜并检测亚硝酸盐含量"，开展本活动将帮助学生达成对《普通高中生物学课程标准（2017 年版）》中"选择性必修课程"概念 3"发酵工程利用微生物的特定功能规模化生产对人类有用的产品"[①] 的理解。新课标对该内容的"学业要求"是针对人类生产或生活的需求，选择恰当的技术和方法，提出初步的工程学构想，进行简单的设计和制作（生命观念、科学探究）；基于证据运用生物学基本概念和原理对日常生活或社会热点话题中的生物技术和工程的话题表明自己的观点并展开讨论（科学思维、社会责任）。开展本实验有利于促进学生了解并利用现代工程学的知识，并将科学、技术和数学知识和能力（STEM）综合运用在实践活动中，解决生活中的实际问题，实现学生生物学核心素养的提升。

该实验主要包括两个部分，"制作泡菜"部分并不难，可以在课前录好微课，安排学生观看并动手实践，而"亚硝酸盐含量的测定"部分则由于实验仪器不充分（缺摇床等）、实验药品繁多、实验步骤繁琐、实验耗时冗长、实验结果不明显等问题，在中学生物实验中极少开展。

[①] 中华人民共和国教育部 . 普通高中生物学课程标准（2017 年版）[M]. 北京：人民教育出版社，2018：27-28.

（二）实验教学目标

基于新课程标准以提高学生的生物学学科核心素养为目标，制定了本探究实验的教学目标。

生命观念：能用结构与功能相适应的观点，认识利用乳酸菌发酵生产特定的产物——泡菜。

科学思维：利用测定亚硝酸盐标准显色液的吸光值制作标准曲线，能够运用模型与建模、类比推理等方法，判断泡菜中亚硝酸盐含量是否达标。

科学探究：能够根据影响泡菜亚硝酸盐含量的因素，提出问题、设计实验，探究不同品种蔬菜、不同发酵时长、不同氯化钠浓度等条件对泡菜亚硝酸盐含量的影响。

社会责任：能够基于实验结论，就食用泡菜的安全性风险表明自己的观点并主动向他人宣传食用腌制食品的安全性知识和建议。

（三）实验教学过程

1. 课前教学准备过程

（1）制作泡菜并录制微课

提前一周录制好"泡菜制作"的微课并发布，将全班同学分为七组，每天安排一组同学按照相同要求制作一坛泡菜（包菜），共制作七坛不同腌制时长氯化钠质量浓度为 10% 的泡菜备用，另外还用白菜、白萝卜（用 5%、10%、15%、20% 质量浓度的氯化钠）制作泡菜若干坛备用。

（2）配制 $NaNO_2$ 标准显色液

课前探究小组采用梯度稀释法用 10 支 50mL 的比色管配制 0、0.2、0.4、0.8、1.0、1.2、1.4、1.6、1.8ug/mL 的 $NaNO_2$ 溶液，并在各比色管中分别加入 2.0mL 对氨基苯磺酸溶液，混匀静置三分钟，再分别加入 1.0mL 的盐酸萘乙二胺溶液，蒸馏水定容，可观察到 $NaNO_2$ 溶液颜色的梯度变化。

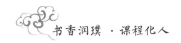
（3）建构 $NaNO_2$ 标准曲线，并录制微课

课前探究小组用分光光度计（OD=540）分别测量 10 个标准浓度的 NaNO2 溶液的吸光值，如表1。将吸光值与对应的浓度录入 Excel 表格，采用软件的插入曲线功能，拟合出 $NaNO_2$ 的标准曲线，如图1，并生成该曲线的回归方程：$y=1.956x-0.0516$，$R^2=0.9957$（R^2 指的是相关系数，一般机器默认的是 $R^2>0.99$ 具有可信度和线性关系）。录制"分光光度计使用"和"利用 Excel 软件制作标准曲线"的微课并发布。

表1　$NaNO_2$ 浓度（ug/mL）和对应的吸光度（OD=540）

$NaNO_2$（ug/mL）	0	0.2	0.4	0.6	0.8	1	1.2	1.4	1.6	1.8
吸光度（D=540）	0	0.130	0.238	0.331	0.444	0.567	0.671	0.738	0.824	0.922

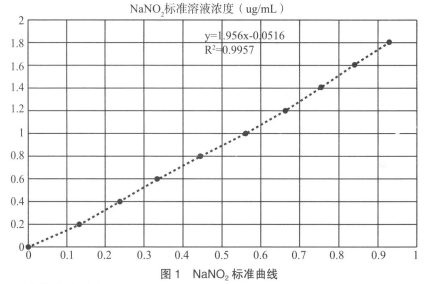

图1　$NaNO_2$ 标准曲线

2. 课堂实验过程

（1）情景导入，通过讨论提出可探究的问题并设计实验方案

播放"舌尖上的中国"中的"泡菜"片段、课前录制好的"泡菜制作"并展示"食道癌高发地区与当地饮食习惯的统计研究"新闻报道，引导学生思考泡菜制作过程所利用的微生物——乳酸菌的相关知识和泡菜腌制过程产生的亚硝酸盐的基础知识。小组讨论如何检测泡菜中的亚硝酸盐含量，并写出可探究问题（如

腌制时长对泡菜亚硝酸盐含量的影响；蔬菜种类对泡菜亚硝酸盐含量的影响；氯化钠浓度对泡菜亚硝酸盐含量的影响；温度对泡菜亚硝酸盐含量的影响等），并以组为单位合作写出实验设计方案，最后将各组的方案进行展示。通过综合分析，提出本节课的主题——探究腌制时长对泡菜亚硝酸盐含量的影响。七个组分别选择一个腌制时长的泡菜（腌制时长为1天、2天、3天、4天、5天、6天、7天）进行实验，合作完成本实验探究活动。

（2）制备泡菜样品提取液

采用光电比色法测量泡菜的亚硝酸盐含量，需分离蛋白质、脂肪等，制备透明的泡菜样品提取液，这是本实验比较难的部分。教师展示《食品中亚硝酸盐与硝酸盐的测定》（GB 5009.33—2016）（以下简称"国标法"）并比对教材中的处理方法，分析讨论发现"国标法"的实验仪器、试剂和步骤都大为简化，实验所需材料少，能大大缩短实验时间。因此，建议学生按照"国标法"制备泡菜样品提取液，其制备流程如图2，并将课前录制好的微课"'国标法'制备样品处理液"进行播放，帮助学生击破本实验的难点。

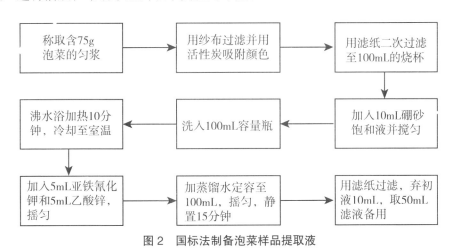

图2　国标法制备泡菜样品提取液

碱性条件下亚铁氰化钾－乙酸锌联合作用可以沉降组织液中的蛋白质[1]，活

---

[1] 中华人民共和共卫生部，中国国家标准化管理委员会. 中华人民共和国国家标准 GB 5009.33-2010：8.

性炭可以吸附杂质和颜色，硼砂溶入水中即被水解为等量的硼酸与硼酸二氢钠，起缓冲溶液作用，溶液为碱性。碱性下脂肪被皂化，减少样品的脂肪包裹量，使亚硝基根更易提取到水溶液中；溶液在碱性下亚硝基根以离子存在，易溶且稳定。加热 15 分钟使亚硝酸提取完全。

（3）利用标准曲线，计算实验结果

组织液经沉淀蛋白质、除去脂肪后，在弱酸条件下，亚硝酸盐与对氨基苯磺酸重氮化后，再与盐酸萘乙二胺偶合形成紫红色染料，外标法测得亚硝酸盐含量。

每组吸取泡菜提取液 40mL 置于 50mL 比色管中，滴加 2mL0.4% 对氨基苯磺酸，混匀，静置 3 分钟；再加入 1mL0.2% 盐酸萘乙二胺，加蒸馏水定容至 50mL，混匀，静置 5 分钟；使用分光光度计测量吸光值（OD=540），记录；查找已经建构的数学模型——$NaNO_2$ 标准曲线，利用 Excel 软件计算出亚硝酸钠浓度（ug/mL），再利用单位换算公式 M=（A1*V0）/（m*V1）[A1= 亚硝酸钠浓度；V0=100 ；m=75 ；V1=40，单位:mg/kg]，转换为"国标法"单位，与国标进行对比。各组将实验结果记录到记录表，如表 2。

表 2　泡菜样品提取液 $NaNO_2$ 含量测量记录表

腌制天数（d）	
吸光度（OD=540）	
NaNO2 浓度（y = 1.956x − 0.0516）　x= 吸光值（单位：ug/mL）	
NaNO2 浓度 M=（A1*V0）/（m*V1）　（单位：mg/kg）	

（4）得出实验结论，并提出泡菜食用建议。

表 3　不同腌制时长泡菜 $NaNO_2$ 含量

腌制时间（d）	1	2	3	4	5	6	7
吸光度（OD=540）	0.175	0.185	0.26	0.335	0.205	0.19	0.135
$NaNO_2$ 浓度（ug/mL）	0.2907	0.3103	0.4570	0.6037	0.3494	0.3200	0.2125
$NaNO_2$ 浓度（mg/kg）	0.0097	0.0103	0.0152	0.0201	0.0116	0.0107	0.0071

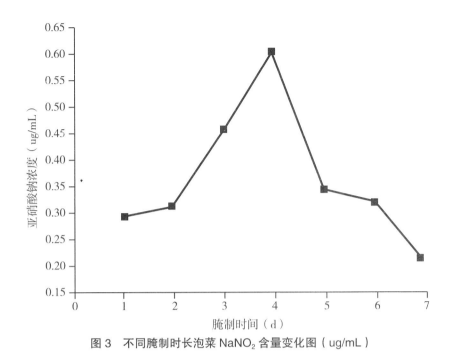

图 3　不同腌制时长泡菜 NaNO$_2$ 含量变化图（ug/mL）

各组组长将本组实验结果录入表格中，结果如表 3，根据腌制时长与亚硝酸盐含量的对应关系，利用 Origin8.0 软件做图，如图 3。实验结果说明在腌制第四天时，亚硝酸盐含量最高，第四天之后亚硝酸盐含量逐渐下降。通过单位换算（mg/kg）与"国标法"进行比对，根据表 3 可知，前七天的亚硝酸盐含量均低于标准值 1mg/kg。学生根据实验结果，提出食用泡菜的建议。

（四）总结反思

1. 实验创新点

基于 STEM 理念开展本探究活动。生物学与化学、数学、技术、工程学、信息科学等是相互渗透、共同发展的。学生以项目的方式开展这一真实的探究实践活动，需要运用到大量的化学知识和操作技能、数学建模的思想和操作等跨学科知识和能力，泡菜浆的过滤沉淀技术、利用榨汁机进行少量材料的粉碎需要基于设计的工程学思想。利用跨学科的知识与技能开展真实探究实践有利于学生建立

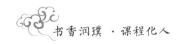

科学的生命观，发展生物学学科核心素养。

创新实验组织方式，简化实验仪器、药品和操作步骤。本实验主要为探究腌制时长对泡菜亚硝酸盐含量的影响，为了能在上课时间开展本探究，在课前一周开始，每天制备一坛泡菜，这样，在上课当天就能够测量七天的情况，这为操作繁琐耗时长的实验提供了有效的解决方案。与人教版教材相比，"国标法"不需要恒温摇床等试验仪器，制备泡菜药品处理液时所需的药品和操作步骤大为简化（不需要氨水、氯化铬、氯化钡、浓盐酸、硫酸铝、氢氧化钠、氯化钡等），使得该实验能在 70 分钟基本完成，这为该实验的顺利开展创造了良好的条件[①]。

利用分光光度计精准测量并利用计算机辅助建立数学模型开展探究。本实验探究采用光电比色法，能精准测量到实验结果，相比教材的目测比色法，结果更精准。同时，创新利用大学分析化学的内容建立亚硝酸盐标准曲线数学模型并予以应用，开拓了学生的探究热情和眼界。

2. 教学反思

《普通高中生物学课程标准（2017 年版）》提出培养学生的生物学学科核心素养是课程的价值追求和课程教学目标。"组织以探究为特点的主动学习"是落实核心素养的关键，加强和完善生物学教学，充分利用信息技术提高课堂教学效率，落实基于 STEM 理念的跨学科科学教育，培养学生的创新精神和实践能力，将是重要的方向。开展基于项目的探究实践活动是实现以上目标的有效载体。

[①]张柏辉，张茜，蔡思建 等."制作泡菜并检测亚硝酸盐含量"实验的简化 [J]. 生物学通报，2017，52(2)：58-60.

四、蜜蜂世界之取蜜（刘国浩 李辉辉）

【教学目标】

通过讲解和视频等，让学生了解蜂蜜的来源。

培养学生动手操作能力。

培养学生热爱大自解、敬畏大自然的人文情怀。

通过摇蜜学习物理离心运动的工作原理。

【教学重点】

取蜜的具体操作细节，因为操作不当将影响蜂群的后续发展。

在劳动中去感觉、体验。

【教学过程】

第一课时（理论课）

1.诗句引入:《唐诗三百首》里有一首诗:"不论平地与山尖，无限风光尽被占。采得百花成蜜后，为谁辛苦为谁甜。"这首诗的作者是唐代的罗隐。这首诗强调了蜂蜜的来之不易。有研究认为：一只蜜蜂为酿一公斤蜂蜜，飞行地球六圈，费时一年三个月，采花七百多万朵。

取蜜理由：

就像动画片《蜜蜂总动员》里描述的那样，对蜜蜂而言，人类是掠夺者，蜜蜂在大自然中最重要的作用绝不是提供甜美的蜂蜜，而是为全地球七成以上的有花植物授粉。但我们通过合理的管理，让蜜蜂这种大自然的小精灵摆脱大自然的诸多偶然限制发展的因素，从而可以专心从事繁殖与采集蜂蜜的工作。而作为管理者，又或者说辅助者，获得相应的富余的蜂蜜作为回报，从而更能激发辅助者

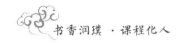

的管理热情。不能不说这是一个双赢的结果。

蜂蜜的获得必须有以下条件：

健康正常状态下的蜂群，新王出一批子后的强群犹为理想。

方圆三公里范围内有大量的蜜源，这是由中华蜜蜂的活动范围所决定的。

适当的天气使花源"排蜜"（从花蕊里分泌出蜜蜂所采的蜜）。如冬天的鸭脚木蜜：排蜜的条件是白天夜晚温差要大，气候干燥，白天气温高，最关键的是早上要有大雾天气，10点左右便是排蜜的时间点了，一直持续到下午；又如春天的荔枝蜜，据传满足一定的条件后，是在晚上八九点排蜜（这完全可以作为我们的研究课题去开展）。

足够的时间让蜜蜂采回来的蜂蜜酝酿成成熟的蜜。（一般以封盖为成熟标准，而封盖的意思是蜂蜜酿好了，为了更好的保存，蜜蜂会吐出蜂蜡把蜜密封在巢房里）。

而今年的冬天，以上的条件满足得简直就是完美！所以我们只需等待适合的时候便可以取蜜了！

因为课时短，很多本应学生去完成的前期工作只能由教师提前准备，如摇蜜机的清洗、割蜜刀的打磨、过滤物品的准备、装蜜容器等等。

4. 酿蜜过程描述：

设计以下问题：

蜂蜜的成分是什么？

由此引申一道高考题：

2018新课标Ⅰ卷理综第8题是一个单选题，选出两个选项中说法错误的项。原题如下：

下列说法错误的是：

A.蔗糖、果糖、麦芽糖均为双糖

B.酶是一类具有高选催化性能的蛋白质

C. 植物油含不饱和脂肪酸酯，能使 BT2/CCl4 褪色

D. 淀粉和纤维素水解的最终产物均为葡萄糖

这是一个 6 分题。其中 A 选项明显错误，因为果糖是单糖。但不少学生认为 B 也有错误，因为酶除了是蛋白质之外，还有些酶是 RNA，所以 B 的说法也是错误的。

蜂蜜是蜜蜂拉出来的还是从嘴里吐出来的？

蜂蜜是花粉转变而成的吗？

喂蜜蜂的白糖可否变成蜂蜜？

先让学生讨论，形成自己的观点（哪怕是想当然的观点），然后播放相关的视频，对上面问题进行解答。

酿蜜流程说明如下：

花蜜采集

蜜蜂的口器属于咀嚼式口器，可以吸取花朵中的蜜汁，在吸取蜜汁的同时还会用脚采集花粉，其后脚跗节格外膨大，在外侧有一条凹槽，周围长着又长又密的绒毛，组成一个"花粉篮"。当蜜蜂在花丛中穿梭往来采集花粉花蜜时，那毛茸茸的脚就沾满了花粉，然后由后脚跗节上的"花粉梳"将花粉梳下，收集在"花粉篮"中，最后用蜜将花粉固定成球状带回蜂窝。

物理处理

蜜蜂采回到蜂巢内的花蜜并不直接装进蜂巢，而是把这些花蜜分散地储存在蜂房内，以增加花蜜的蒸发面积，而且在这一段时间内，蜂巢内还有专门负责扇风的蜜蜂，用小翅膀给花蜜扇风，把花蜜中的水分逐渐扇掉以后，这些花蜜一晚上的水分能够降低 18% 左右。一些比较好的蜂群，在一夜的时间内可以扇掉 1.5 升的水。

化学发酵

蜜蜂酿蜜的化学过程和物理过程是同时进行的，这一过程主要是使花蜜中的

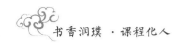

糖分发生变化，其实蜜蜂在采集花蜜的时候就已经分泌了一些转化酶和淀粉酶并混入到花蜜内，采回的花蜜被内勤蜂重新吸入到蜜囊内，过一段时间再吐出来，再由另一只蜜蜂重新吸入并吐出，在这个过程中蜜蜂不断地往花蜜里加入转化酶并加以混合，使原来花蜜中的一些多糖直接转化为单糖。

蜂蜜储存

当花蜜中的水分降低到 18% 左右的时候，这样的蜂蜜就是所谓的成熟蜜了，蜜蜂把成熟蜜集中起来，然后用蜂蜡把蜂巢封盖，用来保存他们的粮食，以备外界没有蜜源的时候食用。这时候蜂农就可以把已经酿造好的储满蜂蜜的蜂脾抽走，割掉封住巢口的封盖，将整块蜂脾放到摇蜜机中摇动，靠离心力把蜂蜜甩出来。

总结说明：

这是一节理论课，表面的目的是为蜜的制作进行理论知识储备，但更重要的是让学生具备相应的与蜜蜂相关的基本知识，以备后面课程的开展服务。

第二课时

一、摇蜜前的准备工作

因为课时短，很多本应学生去完成的前期工作只有老师提前准备。如摇蜜机的清洗、割蜜刀的打磨、过滤物品的准备、装蜜容器等等提前在授课地点准备完毕。

二、分组操作

由于人数太多，取蜜时如果太多人靠近蜂箱，在抖动蜂群的时候难免慌乱，所以以分组的形式进行，具体分成如下几组：

第一组为眼尖开箱检查组：负责打开蜂巢，提脾检查蜂王，避开蜂王所在的蜂脾，以免发生失王意外。

第二组为勇武驱蜂组：抖动蜂脾，让蜜蜂离开蜂脾。

第三组为车夫运送蜂脾组：负责把已没有了蜜蜂的蜂脾运送到远离蜂群的地

方进行操作。

第四组为刀斧手割蜜组：负责用割蜜刀把封盖蜡割开，让蜂蜜可以顺利地从蜂脾里被甩出。

第五组为扶桶摇蜜组：利用摇蜜机依物理学的离心运动原理把蜂蜜从巢房里摇出来。

另分配一女生作为记者，用手机进行实时记录。

教师穿梭于每一组中进行实时的指导。

三、过滤，分享劳动成果。

四、总结并布置任务：写一份关于取蜜的体会，下周分享。

五、绽放的人生彩虹（单佳楠）

1. 教学理论

20 世纪 50—60 年代，美国心理学家舒伯依照年龄的增长，将生涯发展的过程划分为五个阶段（成长期、探索期、确立期、维持期和衰退期），每个阶段都有其重要的发展任务。

为了综合阐述生涯发展阶段与角色彼此间的相互影响，舒伯创造性地描绘出一个多重角色生涯发展的综合图形——生涯彩虹图，它的横向是人们的一生，纵向是人生中扮演的多种身份角色，形象地展现了生涯发展的时空关系，更好地诠释了生涯的定义，旨在帮助人们通过形象的图画工具更好地进行生涯规划。

2. 学业要求

该课程是生涯教育课程的入门理论课程。以舒伯的生涯阶段论为理论基础，以生涯彩虹图的习得和绘制为主要课程任务，以了解生涯发展的动态性为课程的升华目标。基于此，学习该课程需要学生对于生涯角色有一定的认识，对于不同的人生阶段和未来发展有基本的想法，还要有基本的绘画和理解能力，因此建议高中学段开展此课程。

该课程需要学生领悟生涯阶段论和不同阶段扮演的角色；通过观察他人的彩虹图了解该工具的意义和使用方法，结合自身情况应用生涯彩虹图完成基本的人生规划。通过生涯彩虹图的分享感受到生涯发展的动态与变化性。因此，课堂中的任务包括生涯彩虹图的探讨、理解和实践。

3. 学情分析

根据埃里克森的人格发展理论，高一学生处于青少年期，这个阶段的孩子主要面临着"自我同一性—角色混乱"的冲突，很多学生表示自己每天扮演很多角色，总觉得时间不够用，甚至开始迷茫自己究竟是什么样的人。通过文献综述发现，这一时期的学生对未来生活有着强烈的憧憬，但却没有一个清晰的方向，即对未来缺少明确的规划。

本课程属于生涯教育课程中的基础理论课程，通过绘制图画的形式可将生涯探索直观化、现实化，能够调动学生探索的热情，让学生感受到生涯规划的魅力。

4. 教学目标

知识与技能：了解生涯发展的各个阶段，掌握生涯彩虹图的操作和使用方法，能够自主绘制生涯彩虹图。

过程与方法：通过在绘制过程中考虑自己在人生各个阶段不同角色上的精力投入，初步规划自己的人生，明晰对未来理想生活的定位。

情感、态度与价值观：认识到有效的生涯规划是一个动态的过程，需根据自身情况和周围环境的变化随时调整。

5. 教学重难点

重点：通过生涯彩虹图初步规划自己的未来人生，了解其动态发展的过程。

难点：思考和合理分配在人生各个阶段不同角色上的精力投入。

6. 教学策略与手段

生涯阶段论环节采用教师讲授法；彩虹图理解阶段应用了教师"自我暴露技术"；探讨阶段采用小组讨论法和头脑风暴法；彩虹图绘制和分享阶段采用自主探究法。

教学手段包括提前将学生分组、教师讲解、学生辩论、小组合作和应用实践。

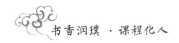

7. 教学环境

宽敞明亮的活动室；需将学生分成六组，并将桌椅摆放成适合小组讨论的形式，按组就座；完好的多媒体播放设备。

8. 教学对象：高一学生

9. 教学准备：空白彩虹图、水彩笔、年龄阶段卡片

10. 教学过程

内容	教学环节	教师活动 （教学内容的呈现）	学生活动 （学习活动的设计）	设计意图
教学过程预设	暖身阶段：生涯雕塑	1.介绍活动的详细规则：用身体动作演绎抽到的年龄的人的状态；并保持此姿势，做雕塑状。 2.采访个别学生所表现动作的内在含义。 3.引出生涯阶段论的具体内容：整个生涯分为成长期、探索期、确立期、维持期和衰退期，每个时期人们的状态都大不相同且有必须完成的生涯任务，只有完成了任务才能顺利进入下一时期，否则生涯发展将会暂停甚至倒退。 3.通过回顾刚才同组内学生的不同表现引出生涯角色的介绍。概括来说，生涯角色包括子女、学生、工作者、休闲者、公民和持家者六种。 4.将生涯角色与生涯阶段结合起来就形成了生涯彩虹图，引出主题。	1.随机抽取不同的年龄阶段。 2.思考如何用一个身体动作表现你所在的年龄阶段，并展示出来。	通过雕塑活动活跃课堂气氛，并引出舒伯生涯阶段论中的五个阶段。引导学生初步思考生涯角色的扮演，进而引出课程主题。
	转换阶段：初探人生彩虹	1.释义生涯彩虹图：彩虹图中的彩虹条代表扮演的生涯角色；彩虹条的长度代表角色持续的时间；彩虹条的宽度代表该角色投入精力的多少。 2.展示彩虹图样例，请学生思考：该图的生涯规划有没有与你想法契合的地方？有没有让你觉得不能赞同，有可能更加完善的地方？ 3.邀请组内代表发言，并引导学生积极讨论。	1.以小组为单位进行头脑风暴，讨论教师给出的问题，并总结组内意见，派出代表发言。 2.针对其他同学的发言可反驳或给出不同意见，自由讨论。	分析和讨论一方面可以让学生理解彩虹图的绘制方法，另一方面学生可将自己的想法投射进去，为下一阶段的活动做准备。同时，在想法互驳中引发思维碰撞，明晰自身对彩虹图的看法。

续表

内容	教学环节	教师活动 （教学内容的呈现）	学生活动 （学习活动的设计）	设计意图
教学过程预设	制作阶段：绘制人生彩虹	1. 介绍绘制彩虹图规则：根据自己对理想人生的规划绘制彩虹；每个彩虹条使用不同颜色，便于区分；理想基于现实，人的精力有限，因此不同角色在同一时期需有所取舍，精力分配合理。 2. 选取班级内典型作品，并引导其分享自己绘制中的思考过程。 3. 针对学生发言进行总结：刚才的思考和绘制过程中，我们不断思考每一个角色该什么时候开始，什么时候结束；不同阶段我该怎样选择和扮演好我的生涯角色，哪一个角色最重要，又该怎样分配我的精力……直至最后终于完成了自己的理想彩虹图，让自己有了无限的动力去实现它，这个过程就是生涯规划。 4. 提问：生涯规划是否就此结束？是否现在这幅彩虹图一定是自己未来人生的缩影？ 5. 升华总结：随着时间的推移，随着年龄的增长，我们自身的看法和周遭环境都在不断变化，这些都将影响我们对未来的看法。在不断变化的人生中，我们只能通过不断调整自身规划，才能在变化流动中实现理想。因此，真正有效的生涯规划是长期的、不断调整的、动态的过程。	1. 在 5 分钟时间内绘制自己的理想彩虹人生，并思考不同角色精力分配的原因。 2. 小组内分享绘制成果。 3. 班级内典型作品进行分享。 4. 思考：自己在现实生活中是否能按照彩虹图所示，一步步实现自己的理想人生？ 5. 进一步思考：在不断变化的人生中如何实现自己的理想？	学生通过绘制彩虹的过程思考生涯规划的内涵；教师的提问让学生意识到，生涯规划不是一蹴而就，我们对于理想人生的看法也会不断变化，因此，有效的规划应跟随变化调整，是持久的动态的过程。
	结束阶段：升华总结	总结课堂：年轻人的未来有无限可能，每一种可能都通往一条未知的路，但我们无法提前预知结果，更无法一一尝试，于是，它们缠绕一起，迷茫了我们前方的路。生涯规划就像一双神奇的手，帮助我们抽丝剥茧，带着我们找到最适合的路，但随着时间推移，这条路也会变化万千，我们唯有坚持理想，跟随变化调整自身，才能最终达到理想的彼岸。动态的生涯规划一定可以帮助你实现理想，让人生彩虹绚丽绽放！	学生回顾自身历程，整理自身收获，在教师的总结语中坚定自身理想，对未来满怀憧憬，激发学习和为理想奋斗的决心。	总结课堂，使学生产生对生涯规划的兴趣，初步了解规划理念，为后续的生涯课程奠定基础，使之辐射至后续课堂。

11. 教学反思

本课采用的是生涯课程中常见的团体辅导的教学形式，主要参照钟志农老师

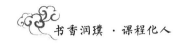

提出的四阶段团体辅导活动课的框架，即将一堂课分成暖身、转换、工作和结束四个阶段。接下来，就四个阶段的课堂实践分别进行反思。

暖身阶段采用的雕塑游戏较为新奇，且与课程主题紧密契合，充分激发了学生的兴趣，通过不同阶段状态的体现，顺势引出课程主题，将较为枯燥的理论融入学生自身的表演中，让学生理解得更加透彻。

转换阶段中教师采用"自我暴露"的技术，即教师将自己绘制的彩虹图作为示例，引导学生思考和讨论此彩虹图中符合自身规划的地方以及自己不能认同的地方，进而帮助学生明晰自身对未来人生的想法。在实践中，学生的讨论热烈非常，教师的引导较为到位。但可以明显看出高一学生对于未来的规划仍有些脱离现实，绝大多数学生都认为子女角色应始终分配最多的精力，而无法理解现实生活中很多人是心有余而力不足，需在后面的课程中进一步探讨。

工作阶段中学生兴趣高涨，5分钟的绘制时间有部分同学尚未完成，后期课程中可根据实际情况增加时长。另外，后半部分的升华总结仍显得有些仓促，但作为入门基础课程尚可，后期可进一步改进。

结束阶段教师总结较为到位，能够引发学生的思考。

总体来说，整节课程环节设计流畅，由浅入深，设置的教学目标基本实现。明显感觉学生对这一主题的课程从最初的漠然到感兴趣，再到结束时的有所思考，甚至下课后还有很多学生在询问教师对于自己彩虹图的看法，验证了此堂课的精彩效果。但仍存在不足，后期会继续改进，希望呈现更好的课程。

12. 教学评价

该堂课被评为2018年度广东省优质课，观课教师对于该课程的评价都较为正面，总体认为达到了预设的课堂效果和教学目标；另外，教师本人在课后还就上课同学进行了问卷调查，以下为教师和学生评价。

（1）教师评价

黄蓉老师：整节课上学生气氛活跃，投入度高，能够积极主动地配合完成老师的课堂任务，而且在后面的分享环节学生表现活跃，主动剖析自身想法，通过与同学的不断探讨，想法已经得到升华。

麦贝吉老师：本节课可以说是一节优秀的生涯教育课程，从头到尾没有提过"生涯教育"，却在课堂的渗透中真正达到了生涯教育的启蒙和发人深省的效果，学生从最开始讨论别人彩虹图的侃侃而谈，到自己绘制彩虹图的纠结和困惑，再到分享环节的火花碰撞，最终实现了本节课的教学目标，让生涯教育在学生心中生根萌芽。最后的升华和总结是整堂课的点睛之笔，让学生一瞬间有了恍然大悟的感觉，生涯是动态的，因此，生涯规划也需要跟随自身的变化，持续终生，不再将生涯课程当成是可与可无的课程，而是未来人生之路的领路人。

史文娟老师：课程以生涯定格作为热身和起始阶段，既调动了学生的热情，又能自然引出课程主题，可谓一箭双雕；生涯彩虹图的探索阶段学生从开始的探讨到后面激情四射的脑力激荡，到以辩论为形式的开展，都充分证明了学生的全情投入，教学效果超出我的想象；接下来的彩虹图绘制环节是将理论加以应用，是最难突破的地方，但因前面基础打得较好，学生对于自己未来的发展都很有想法，分享环节也是出人意料的热烈；教师的接纳和开放氛围的设置让同学们可以在课堂上畅所欲言。教师基本功优秀，希望多多向上课的单佳楠教师学习。

（2）学生评价

在课后应用"问卷星"采用问卷形式进行了调查，目的在于调查学生对于该课程的看法、带给学生的体验以及本次课程教学目标是否实现等。调查共回收有效问卷40份，调查结果如下：

第1题　你的性别是

选项	小计	比例
男	10	25%
女	30	75%
本题有效填写人次	40	

第 2 题　你是否理解了生涯阶段理论？

选项	小计	比例
是	30	75%
否	0	0%
一般	10	25%
本题有效填写人次	40	

第 3 题　你是否掌握了生涯彩虹图的绘制？

选项	小计	比例
是	30	75%
否	0	0%
掌握部分	10	25%
本题有效填写人次	40	

第 4 题：对于本次课程，你的学习心得和学习感受是怎样的？

部分回答：

这个课堂和以前上过的课都不一样，与我的生活联系很紧密，因为我一直很迷茫，我觉得这节课引导我去思考未来的人生，并且我有了一种开窍的感觉。

这个课的理论都与生活息息相关，不会感觉枯燥无味，最后当老师说我们探讨的彩虹图是她自己经历的时候，我觉得和老师的距离一下子拉近了，收获很多，感觉掌握了生涯的理论，可以回去帮没有学过的朋友甚至父母。

这节课是让我真的投入进去的课程，我一直跟着老师的节奏，想象自己未来人生的样子，原本是激情澎湃，但总觉得有点虚，可当老师向我们证明了生涯发展其实是动态的时候，我有一种恍然大悟的感觉，其实我现在对于未来的看法可能不会真的实现，但当我明确了自己的想法时，有一种要去为自己拼搏奋斗的感觉，学习不再是别人的事，而是我的事。

第 5 题：通过本堂课的学习，你对自己未来生涯发展的看法是怎样的？

部分回答：

我开始觉得未来真的离我很近，从前我一直活得很迷茫，学习和生活都随大流，没什么进取心，觉得过得去就行，但当彩虹图摆在我面前时，想着它所代表的人生愿景时，我真的好想马上去努力拼搏，而且我开始发现自己对于父母付出的时间太少了，很惭愧，未来我的生涯中"子女角色"一定要比例加重，才对得起自己和父母。

当我听到未来可能不会如我所愿时，心里很失落，但在老师的引导中，我发现这就是现实，而且我已经有了这样的工具，可以帮助我在未来的迷茫中找到方向。还怕什么？年轻就是要敢想敢干。

我没有按照老师的要求绘制未来的人生发展，而是将所有精力都用在了对过去人生的整理上，我发现只有充分了解自己的过去，才能更好地实现未来，这种想法得到了老师的肯定，当我在未来发现自己真正需要时我再来完成这幅图。

通过问卷调查可以看出，学生对于该次课程的评价普遍正面，通过主观题目的回答真切感受到了学生对于生涯教育课程的需要和喜爱；本堂课的教学目标基本实现，可以评价为有效课堂。

PPT 课件

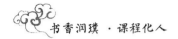

请组长展示您组抽到的年龄段。
请每个人想一下，怎样用一个身体动作表现出你所在年龄段的状态。
准备好了吗？

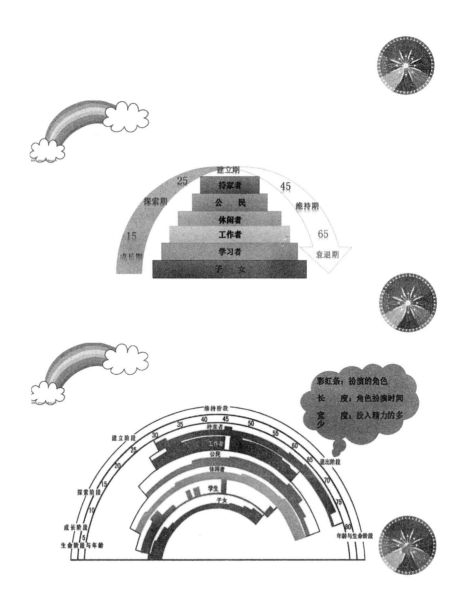

用5分钟的时间画出你理想中的人生彩虹

> 建议彩虹条用不同颜色
> 彩虹条宽度需根据精力投入有所变化

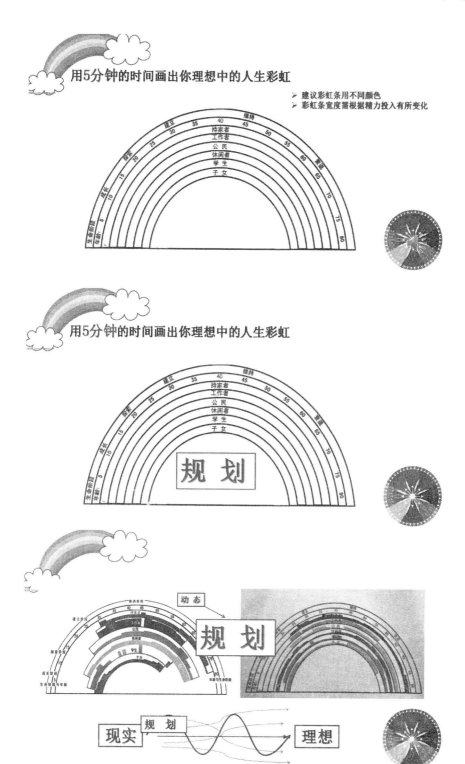

用5分钟的时间画出你理想中的人生彩虹

规 划

现实 —— 规 划 —— 理想

世界唯一不变的就是变化

生涯规划让你的人生彩虹绚丽绽放

▶ 探索活动——我的高中生涯任务表

- 规则：
- 请同学们依据舒伯的理论，结合自身的发展与需求、自我的兴趣、能力等因素，探索出属于自己的高中时期的生涯任务表吧。

高一时期			
学习任务	生涯准备	校内活动	校外活动

高二时期			
学习任务	生涯准备	校内活动	校外活动

高三时期			
学习任务	生涯准备	校内活动	校外活动

高一时期：累积阶段			
学习任务	生涯准备	校内活动（任务）	校外活动（任务）
了解各学科特点与学习方法；夯实学科基础能力；培养良好的学习习惯；学会时间管理等。	积累校内外活动经验与担任班干部的经验；保存各项活动的证书、奖状；了解学考、选考政策等。	学会必要的生活技能；认识新室友、新朋友；选择参加社团，参与活动；校园活动（科技节等）	综合实践活动；义工服务活动；其它社会实践。

高二时期：尝试阶段			
学习任务	生涯准备	校内活动（任务）	校外活动（任务）
选考科目确定学考、选考科目精力分配；应对考试焦虑等。	了解自己感兴趣的大学院系、专业、职业；初步厘适合自己的高考入学渠道；积累各类活动比赛获奖证书。	分班后的人际适应；校园活动；社团活动等。	参加大学夏令营；职业任务访谈；参观各大学等

高三时期：冲刺阶段			
学习任务	生涯准备	校内活动（任务）	校外活动（任务）
学业水平考试；选考科目考试；调整学习方法、策略；考试前后心理调适等。	进行人职匹配；确定大学、专业填报的方向和范围；参加提前批招考的同学按要求准备材料等。	学长学姐考试和报考经验交流；考前辅导讲座等。	根据个人需求适当和有意义的

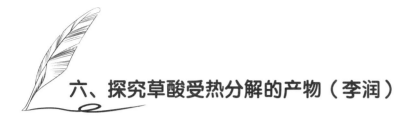

六、探究草酸受热分解的产物（李润）

（一）教学目标

1. 通过讨论得出草酸受热分解的产物及其验证的方法，初步形成基于物质类别对物质性质进行预测和检验的认识模型。

2. 通过对草酸受热分解的认识过程，建立物质变化观念。

3. 通过比较对实验方案进行分析讨论，大胆提出不足和改进措施，提高学生的科学探究和创新意识。

（二）评价目标

通过探究设计方案的交流和点评，诊断和发展学生科学探究的水平。

（三）教学重点与难点

1. 通过讨论草酸受热分解及其产物验证的实验，根据实验要求设计、评价实验方案的可行性。

2. 验证草酸晶体分解产物实验的设计。

（四）教学设计思路

1. 提出课题

从日常生活中使用的漂白洗涤剂"污鸡净"引入，"污鸡净"含有两袋化学物质：高锰酸钾与草酸。高锰酸钾受热分解的实验学生在初中阶段接触过，但是对草酸不熟悉，更对草酸受热分解的产物一无所知。由于"污鸡净"是生活中人

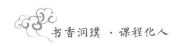

们使用的漂白洗涤剂，这对于喜欢化学的学生来说，激发他们了解这种化学药品的兴趣，想用化学知识去解决生活中难题的愿望，从而激发学生对这一探究课题的兴趣。

2. 猜想与假设

第一种：草酸分解生成 CO_2 和 H_2

第二种：草酸分解生成 CO_2、CO 和 H_2O

第三种：草酸分解：$H_2C_2O_4 \xrightarrow{\triangle} CO_2 \uparrow + H_2O$（未配平）

…

3. 实验设计

（1）反应装置的设计。

（2）检验装置的设计。

（3）尾气处理的设计。

4. 讨论设计方案

（1）小组代表解说设计思路。

（2）其他同学提出疑问并提出解决方法。

（3）得出最优实验设计方案。

5. 实验操作

（1）实验步骤

组装实验装置——检验装置的气密性——实验——观察实验现象并记录——实验结束——整理仪器。

（2）实验现象记录

	实验现象描述	结论
A		
B		
C		
D		
H		

6. 实验结论

$$H_2C_2O_4 \xrightarrow{\triangle} H_2O + O_2 \uparrow + O \uparrow$$

7. 小结：探究实验的完整过程

（1）提出课题。

（2）推测与猜想。

（3）设计实验。

（4）讨论方案。

（5）实验操作验证。

（6）得出结论。

8. 利用所学知识解决相关问题。（一道高考题）

（2009·重庆卷）两个学习小组用如图装置探究乙二酸（HOOC—COOH）受热分解的部分产物。

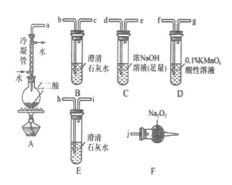

（1）甲组：

①按接口顺序 a—b—c—d—e—f—g—h 连接装置进行实验。B 中溶液变浑浊，证明分解产物有_____；装置 C 的作用是_____；E 中溶液变浑浊，D 中的现象是_____，证明分解产物有_____。

②乙二酸受热分解的化学方程式为_____。

（2）乙组：

①将接口 a 与 j 连接进行实验，观察到 F 中生成的气体可使带火星的木条复燃，则 F 中最主要反应的化学方程式为_____。

②从 A~F 中选用装置进行实验，证明甲组通入 D 的气体能否与 Na_2O_2 反应。最简单的装置接口连接顺序是_____；实验后用 F 中的固体进行验证的方法是_____（可另选试剂）。

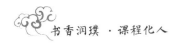

（五）教学过程

	教师活动	学生活动	设计意图	课时安排
环节一课题导入	PPT 展示污鸡净 在市场上还没有出现漂白剂的时候，人们常用污鸡净来洗去白色衣物的污渍，污鸡净里面有两袋物质，一袋是紫红色固体，一袋是无色透明晶体，你们知道两袋分别是什么物质吗？大家猜一下，对，紫红色这一袋是高锰酸钾，无色透明这袋是草酸。 在初中，同学们有没有做过高锰酸钾受热分解的实验，产物是什么？ 那么草酸受热分解的产物是什么呢？我们一起来探究一下草酸受热分解的产物。 首先我们来了解一下草酸的有关信息。	倾听，思考。 有，高锰酸钾受热分解生成锰酸钾、二氧化锰和氧气。 思考。	引起学习兴趣，激发研究欲望。 唤醒记忆，回顾实验室用高锰酸钾制备氧气实验装置。 由此及彼，学生应该能想到加热固体实验装置。	第 1 课时
环节二问题的提出	PPT 展示： 知识点： （表格见下） 草酸晶体（$H_2C_2O_4 \cdot 2H_2O$）熔点较低，加热会熔化、气化和分解。 草酸（$H_2C_2O_4$）受热分解，它与氢氧化钙的反应为： $H_2C_2O_4+Ca(OH)_2=CaC_2O_4\downarrow$（白色）$+2H_2O$ 好，我们根据草酸的化学式中的元素组成，猜测一下草酸受热分解的产物有哪些？ 第一种：草酸分解生成 CO_2 和 H_2 第二种：草酸分解生成 CO_2、CO 和 H_2O 第三种：草酸分解： $H_2C_2O_4 \xrightarrow{\triangle} CO_2\uparrow+H_2O$（未配平）	阅读所给资料，挖掘信息。	课后查阅资料，小组合作、讨论、完成设计。 小组合作，知识迁移。 培养实验设计能力和严谨的科学态度及识图、绘图能力。	第 2 课时

表格：

名称	分子式	颜色、状态	溶解性	熔点（℃）	密度（g/cm^3）
草酸	$H_2C_2O_4$		易溶于水	189.5	1.900
草酸晶体	$H_2C_2O_4\cdot 2H_2O$	无色晶体		101.5	1.650

	教师活动	学生活动	设计意图	课时安排
环节三方法的应用	从氧化还原反应角度来看，我们可以否定哪种可能？为什么？ 很好，那么生成物很可能有 CO_2、CO、H_2、H_2O 这四种，大家思考一下怎么设置实验来验证？ 请设置出反应装置以及验证产物的一套完整的实验装置，并画出你设计的实验装置图。 收学生的设计图，选择有代表性的，有创新性的设计图进行讨论分析 讨论完毕，选择最优方案。 从反应装置，验证生成物先后顺序的装置进行分别讨论。 定下实验方案：严密性、可行性能根据推测进行各种成分检验的实验装置。	第三种，因为草酸的碳元素是正三价，而生成物的碳元素是正四价，其它元素的化合价没有变化。 学生思考，小组讨论，设计实验装置并画图。 共同分析讨论。 分组讨论，交流完善。		第2课时
环节四课堂实验	公开课 回顾前两节课的内容，并展示定下的实验方案。 	倾听，回顾。 找出错误之处并加以改正。	发现问题，解决问题。	第3课时（公开课——视频内容）

续表

	教师活动	学生活动	设计意图	课时安排
环节五 总结与反思	由于学生画图不太规范，因此将学生方案优化如下（小黑板展示），并让学生指出该方案是否存在问题。 小黑板：根据最优方案进行优化处理的装置图： 学生实验，老师指导。 实验总结： 实验现象的描述 小结探究实验流程 高考题	根据实验装置图进行组装实验装置。 检验装置的气密性。 开始实验，观察实验现象并记录。 实验结束，实验现象的描述，得出实验结论。 思考并解答。	发现问题，解决问题。 锻炼学生实验操作能力。 细心观察实验现象并记录。 得出结论。 口头表达能力。 思维迁移与应用。	第3课时（公开课——视频内容）

（六）教学反思

1. 一个完整的化学探究实验至少需要两到三节课内容，要提出课题，分析课题方向，留给学生足够多的时间进行思考，设计实验方案，学生设计出实验方案后，老师先了解学生设计的方案可不可行，选出具有代表性的实验方案进行课堂讨论，让学生明确整个探究实验的流程，整个实验的各个步骤，整个实验装置的每一步装置的作用等等，然后给学生足够多的时间进行实验摸索。

2. 这样的一个探究实验的课题很难用一节公开课（40分钟）来体现，而节选其中一部分内容作为一节公开课是比较难的。经过思考，决定选择最后学生做实验的环节作为公开课，这样就要先给同学们上两节课，在上公开课时利用回顾的形式将前面两节课的内容简单呈现出来。因此在时间的把握上会显得比较紧凑，留给学生自由探究实验的时间（20分钟）显得有点少了，可能多给学生5—8分钟的时间做实验，效果会更好点。后面的高考题也是有点难度，在一节课最后两三分钟的时间留给学生思考也是不够的。

3. 作为选修课探究实验，每周只有一个班，仅有一节课，因此上公开课前也不可能有试讲的机会，因此在时间的把握及对学生的把握上都有难度。

4. 为了展示一个完整的探究实验课的过程，在写课题实录时也将前两节课内容呈现出来了。

七、《理财与生活》

——价值观与职业选择教学设计（吴文）

（一）教学目标

思考自己的价值观，规划人生方向，并明确行动计划。

（二）知识点

什么是人生价值观，价值观与财富观的关系。

（三）课前准备

拍卖游戏准备，价值观工作表。

（四）教学过程

1. 拍卖游戏——对你而言什么是最重要的

游戏规则：

每个同学手中有5000元（道具），它代表了一个人一生的时间和精力。每个人可以根据自己对人生的理解随意竞价购买下表中的东西。每样东西都有底价，每次出价都以500元为单位，价高者得到东西，一旦有出价5000元的，立即成交。

批号	拍卖品			起拍价格
1	爱情	友情	亲情	1000
2	美貌	权力	财富	500

批号	拍卖品			起拍价格
3	爱心	智慧	名望	1500
4	毅力	健康	诚实	1000
5	读名牌大学	一门手艺	每天能吃美食	500
6	拥有自己的图书馆	创办公司	科学家	1000
7	冒险	快乐	自由	1000

2. 价值观拍卖心得分享

拍卖的活动诱发学生对价值观的倾向性判断。学生通过梳理日常行为，思考各种价值观的表现及意义，以明确自己的核心价值观，并确定行动计划。

在拍卖中，观察哪个学生拍到的最多？哪个学生什么也没有拍到？什么拍品拍到最高价？哪个学生没有拍到自己想要的？如果拍卖重新来过，会有什么不同？除了拍品，有没有更值得自己追寻的东西？

在拍卖后，及时对学生进行访谈，以了解如下方面：所拍到或希望拍到的拍品对学生意味着什么？是否是其最想获得的物品或价值？如何能实现这一价值？你拍到了自己喜爱的东西吗？是什么？对你来说有什么意义？有没有同学什么都没有买？在拍卖的过程中，你的心情如何？你是否后悔自己刚才争取的东西太少？争取过来的东西是否是你最想要的？财富是否给你带来快乐？你是否为财富放弃了其他想要的？什么能给你带来更大的满足感？除了拍品，有没有更值得追寻的东西？

3. 价值观工作表

价值观取向	表现	重要程度 1–10 分	我是如何做的	我还可以做的
学习	我喜欢学习新的思想和方法	9	读各类课外书 参加读书分享会 参加感兴趣的讲座	通过慕课、得到 APP 等获取感兴趣的学习资源 参加、建立专题学习兴趣小组
爱	家庭和睦	10	倾听、互相扶持	更好地控制自己的情绪
快乐	做自己喜欢的事	8	坚持自己的想法做事情	多尝试新的事物、发展新爱好
智慧	做对的选择	8	喜欢读书	一月一本书，并写总结

课堂作业：制定自己的价值观工作表（附录2）

1. 生活中你最重视什么？写出自己认为最重要的六项。

2. 评估它们在你心目中的重要性，写下你是如何做的？

3. 为了我的价值观，我还可以做哪些？

生涯规划

生涯是一个过程，是人生命的历程，它和生活的各个方面相关。无论是"好事"还是"坏事"都是我们生涯的一部分。

1. 在白纸中部从左至右上画出一条直线，然后给这条线的右端加上一个长箭头，在线的左段（起点）标注"0"岁，在线的末端标注的数字是你想要的寿命。标出自己现在的年龄。

2. 回顾过去，写出过去留在记忆里的重要生活事件。快乐的事情写在上方，悲伤的在下方。

3. 展望未来，可以把你这一生想干的事，都标出来，如有可能，尽量把时间注明。

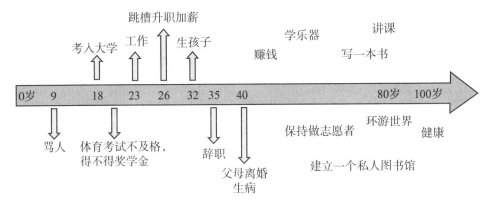

生涯是生命的宽度和深度

（五）作业

完成目标工作表（附录1），学习制定符合价值观的具体目标及行动计划.

（六）经验法则

找到你喜欢做什么，而且支付其费用。然后对你的消费、储蓄、借贷和投资进行计划，这样你就能凭借你的收入幸福地生活。

控制你自己的财务生活，别让它控制你。

附录1　《理财与生活》课程目标工作表
填表人：　　　　学号：

目标	衡量标准	对我的重要程度	期望实现的时间	所需资源(时间、资金等)	具体计划：我要如何做

附录2　【　　】中学《理财与生活》课程价值观工作表（样表）
【　】年【　】月【　】日
填表人：　　　　学号：

价值观	表现	对我的重要程度（1-10分）	我是如何做的	我还可以做的

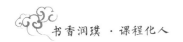

八、Arduino 套件辅助教学案例

——智能灯光控制系统（陈声坤）

（一）教材分析

本节课是苏教版《技术与设计2》第三单元第三节第二课时的内容。在前面的学习中，学生通过简单系统的设计案例分析，初步学会了简单系统设计的基本方法。本节课通过确定一个生活或生产中的简单对象，根据设计要求完成系统的方案设计和制作。

（二）教学目标

知识与技能：通过案例分析和学习，学生具备一定的系统设计和系统评价能力。

过程与方法：通过简单的系统设计案例分析和制作，学生初步掌握系统设计的基本方法。

情感、态度和价值观：培养学生团队协作和认真学习、刻苦钻研的精神。

（三）学情分析

本次教学对象为高二年级下学期的学生，通过前面的学习，学生掌握了系统设计的基本知识，有一定的知识储备和理论基础。同时学生对 Arduino 套件以及编程都进行了相应的案例学习和实践操作，具有一定的动手实践能力，能在老师的指导下开展小组活动进行团队协作。

（四）教学重难点

重点：让学生会运用系统设计的知识进行简单的系统设计。

难点：根据任务完成设计要求，实现简单系统的制作。

（五）教学过程

1. 创设情境

在我们生活的周边，如学校的室内走廊或者小区的楼梯这些公共区域在夜晚或者阴雨天光线比较暗的时候往往需要开灯照明。如果长时间开灯，会浪费电，很多地方往往采用双向开关的设计形式，但是这样来回开关也比较麻烦，而且有时候人们也容易忘记将灯关闭。面对这样的情况，我们应该怎么办呢？

要求：利用学习过的知识设计一个灯光自动开关控制系统。

2. 方案设计

灯光自动开关控制系统方案设计表格	
设计目的	利用 Arduino 套件实现灯光自动开关
需要器材	Arduino 套件，包含 arduino uno 板、光敏传感器、超声波传感器、声音传感器、面包板、数据线、导线等 每小组需要配有 mixly 编程环境的电脑一台
设计原理	利用光敏传感器检测光线强弱，利用超声波传感器或者声音传感器检测是否有人通过。当光线偏弱并且检测到有人通过时，灯变亮，5 秒后灯自动熄灭。
具体电路	

注意问题：需要根据测试环境的变化调节光敏传感器的编程数值。

3. 现场制作

学生根据自己设计的方案和电路图进行现场制作好检测。

根据电路图进行电路的连接。

将 arduino uno 板与电脑连接进行编程。

检测和展示。

4. 优化设计

对灯光自动开关控制系统进行改进。比如在光线变暗时如何增加一盏常亮的灯或者是根据光线的强弱来设计亮灯的数量。

5. 总结拓展

总结:(1)方案设计。

(2)传感器连线与编程。

(3)优化设计。

拓展:利用 Arduino 套件还可以实现哪些控制系统?

(六)教学辅助材料

1. 方案设计表格,如前页。

2. 传感器接线

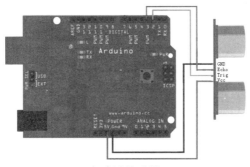

超声波传感器

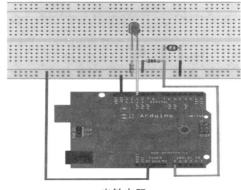

光敏电阻

3. 电路连接参考图

4. 编程模块

（1）基础设计参考

（2）优化设计参考

九、润园石前《润园赋》,《爱的哲学》爱相融

——润园读诗会教学实录(成六勤)

(一)教材内容

罗易《润园赋》、雪莱《爱的哲学》

(二)教学理念

借助润园读诗会,培养学生的自信、自尊、自强之品质,培养人文情怀、审美情趣,懂得珍爱生命,发展健全人格,增强社会责任、国家认同等意识,真正发展学生的人文底蕴、科学精神、学会学习、健康生活、责任担当、实践创新等六大素养的核心素质,完成语文教育"立德树人"之任务。

"书香润璞"是润园文化的内蕴,有着"春风不择物,远近一同仁"的教育情怀和"读书修己,兼济天下"的教育理想,润园读诗会是实现这种教育理想的一种很好的载体。

(三)教学目标

1. 掌握一定的朗诵技巧。

2. 培养学生对诗歌的兴趣。

3. 让学生更深刻地了解润园文化之内涵,培养学生对润园文化的热爱,增强润园学子的主人翁意识。

(四)教学过程

师:今天我们的任务是练习朗诵《润园赋》,大家把《润园赋》的朗诵稿带来了吗?

学生：带来了。

老师：我们一起朗读一遍《润园赋》。

（学生朗诵。）

老师：大家朗诵得很整齐，但是缺乏朗诵的技巧。朗诵特别注重抑扬顿挫。可是你们刚才还没做到。

老师：开篇两句"一海圆珠珠圆梦，满园润玉玉润生"的情感比较平和，也可深沉。

老师：下几句"润园，昂藏于南海北涯，凤凰东麓。接香山之地气，跨九洲之彩虹，协横琴之乐韵，托万山之卫拱，承唐家之气象，藉京师之长风，扬国安之学术，考邵仪之事功"是在称赞润园地理位置优越、文化氛围浓厚、名人影响巨大。所以朗诵这几句时要充满豪情、自信、骄傲。语速可由慢变快，但最后一句就要慢下来。

老师："润园百年根，风物共哲人"是对前面的一个总结，声音应显得厚重。

老师："今兹勤敏致知，读书修己，逸香飘送；仁和质朴，兼济天下，正气日隆。将以富润屋而弘资国，德润身而衍泽人"声音可平和，表现出一个智者之宽阔的胸怀，写出润园文化传播者之精神。

老师："润园多璞玉，矻矻修至臻。甘露滋润园，润园日日新。"由平和到高亢，表现对润园美好前程之向往。

老师："木石万方小世界，润园一脉大中华。"这两句情感达到高潮，这是所有润园人对润园的祝福与期待，这是润园文化最完美的诠释，润园将与中华文化的传承、与中华民族的将来紧密相连。情感要激昂、雄浑。

老师：现在你们对《润园赋》的内涵理解了吧？

学生：理解了。

老师：那你们应该能更好地把握情感了。请大家一定要注意抑扬顿挫。现在请大家分组练习，两个小组长组织好你们的组员有感情地朗读。

（老师在旁边个别指导、拍照，同学们的朗诵水平也大有提高。）

（旁边文化走廊的桌椅上坐着澳大利亚黄金海岸伊曼纽尔来我校交流学习的几名师生。阳光洒在他们的脸上，清晰的轮廓、青春的气息、外国友人的魅力在召唤着润园石前这一群热爱诗歌的孩子。）

老师：同学，想不想邀请来自澳大利亚的朋友和我们一起读诗啊？

学生1：好啊！

学生2：太好啦！

老师：那你们谁能代表我们去邀请他们呢？我的英语已经二十多年没用，忘得差不多啦！

学生：老师，我们的英语也不好啊。

（看来这十二个高一的新生还不够自信。）

（犹豫间，澳大利亚的几个学生有事离开了，大家还在商量怎么开口时，眼看着他们的两位老师也站起身来。老师赶紧带着孩子们过去。）

老师：Hello，Wellcom to China！

Mr.Gordon Johnstone：How are you？

老师：Can you join us？

（两人正在为不知怎么进行下一步交流的时候，他们的中文老师终于出现了。）

附中老师告诉澳大利亚中文老师：我们是润园读诗会的同学，在校园里读诗。很高兴见到你们，想请你们和我们一起读一首诗，好吗？

（澳大利亚中文老师与校长 Mr.Gordon Johnstone 沟通。）

Mr.Gordon Johnstone：Ok。

附中老师告诉澳大利亚中文老师：我们想朗诵雪莱的《爱的哲学》。我们读中文版，校长读英文版，可以吗？

（澳大利亚中文老师与 Mr.Gordon Johnstone 沟通，附中老师将手机中雪莱的

176

英文诗拿给 Mr.Gordon Johnstone 看，Mr.Gordon Johnstone 马上拿出手机查找英文版的《爱的哲学》。）

（附中老师让读诗会同学拿出纸笔抄写中文版的诗歌《爱的哲学》。）

附中老师询问澳大利亚中文老师：我们不会耽搁你们吧？

（澳大利亚中文老师与 Mr.Gordon Johnstone 沟通。）

澳大利亚中文老师：不会。

（Mr.Gordon Johnstone 与同行的另一位老师比划了一个"爱心"的手语。）

（几分钟过去，大家都准备好了，一起来到润园石前。）

（Mr.Gordon Johnstone 与中文老师交流。）

中文老师：Mr.Gordon Johnstone 说一会朗诵结束后，他可以和大家合影留念。

读诗会全体同学：太好了！（热烈的掌声。）

Mr.Gordon Johnstone 开始声情并茂地朗读：

Love's Philosophy

Shelley

The fountains mingle with river

And the rivers with the ocean，

The winds of Heaven mix for ever

With a sweet emotion；

Nothing in the world is single；

All things by a law divine

In one spirit meet and mingle.

Why not I with thine？—

（同学们在认真聆听。）

校长朗诵结束，做出邀请的手势，用中文说到："一、二、三。"

（同学们深情并茂地朗诵中文版。）

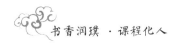

爱的哲学

雪莱

出山的泉水与江河汇流，

江河又与海洋相遇。

天空里风与风互相渗透，

融洽于甜蜜的深情。

万物遵循同一条神圣法则，

在同一精神中会合；

世界上一切都无独有偶，

为什么我和你却否？

（朗诵结束，师生都情不自禁地热烈鼓掌。）

（由于是临时选的诗歌，大家对这首诗完全不熟悉，所以个别地方的停顿和情感把握得还不够好，但校长 Mr.Gordon Johnstone 仍然给予极大的肯定。）

（校长 Mr.Gordon Johnstone 和同学们一起合影留念。）

（同学们给予热烈的掌声，抑制不住的激动心情，抑制不住的微笑。）

（同学们送别澳大利亚友人。）

老师：同学们，今天下午过得开心吗？

学生：非常开心。

老师：这是我们润园读诗会一次难忘的记忆。

老师：你们可不可以把今天下午的美好的故事写成一首诗呢？

学生 1 : 可以。

学生 2 : 名字就叫"邂逅"。

老师：那我等着下次朗诵的时候，大家给我带来这次不期而遇的美好。现在我们继续练习朗诵《润园赋》。

老师：本来想让梁校和我们一起朗诵《润园赋》的。可是梁校在开"品茶论道"的选修课，没有时间。

学生 1：好遗憾。

学生 2：我们可以去茶道室读诗啊！

老师：这是一个很好的创意！我负责和梁校联系。

（同学们继续练习《润园赋》，下课铃声响起。）

老师：同学们再见！

学生：老师再见！

（五）教学反思

这一次读诗会，孩子们很投入，也很开心。离开常规的教室，我们将课堂转移到了美丽的校园里。由于我们的课程叫"润园读诗会"，所以我们的第一次任务是朗诵广东实验中学罗易老师专门为润园创作的《润园赋》，朗诵的地点就在校前广场的润园石前。希望通过这篇《润园赋》，学生能更深刻地了解润园文化的内涵，培养学生对润园文化的热爱，增强润园学子的主人翁意识。通过在外读诗，提高孩子们对诗歌的热爱。

练习之初，孩子们热情很高，但朗诵技巧还没掌握，所以我的评价是"整齐"，但缺少"抑扬顿挫"。我给孩子们分析了《润园赋》的内容，告诉他们情感的处理，第二遍朗诵时孩子们进步了很多。这是今天的第一快乐之事！

接下来与澳大利亚校长的合作朗诵是最让他们快乐的。他们很希望能与校长一起朗诵，但当我让他们去邀请时，他们都开不了口，一则是英语口语水平不高，最关键的是还是不够自信。希望以后通过此课程能够增强他们的自信。我让他们摘抄雪莱的《爱的哲学》时，同学们表现非常积极，有同学动作稍慢的，其他同学会马上指导他。虽然是临时起意，突发奇想，大家对这首诗完全不熟悉，个别地方的停顿把握得还不够好，但孩子们在读诗时却是表现得非常自信、青春、阳光。他们的表现也得到了校长 Mr.Gordon Johnstone 的高度肯定，校长还主动和孩子们合影留念。当校长离开后，我问大家："开心吗？"孩子们都告诉我："太开心啦！"是啊，这种不期而遇的美好、在温暖阳光下与外国友人在美丽润园来一场浪漫的诗歌之约，怎么会让人不感动呢。所以当我向孩子们布置写诗任务时，他们都很痛快就答应了，有个女孩还告诉我，她已经想好了诗歌的题目——邂逅。这种快乐，来自与校长的合作，来自不期而遇，来自润园傍晚灿烂的阳光，来自青春绽放的润园读诗会特别的课堂。相信他们以后还会有更多的快乐！

去学校的茶道室读诗，和梁校的"品茶论道"合作的创意，也很让人期待。

晚上我给梁校发信息，向他转达了同学们想去茶道室与他品茶读诗的想法，梁校欣然答应。为了让"品茶论道，读诗怡情"的合作课程更有特色，我布置同学下去创作有关"茶与诗""喝茶与人生"的诗歌。相信我们会有一个快乐的"品茶论道，读诗怡情"的回忆。

润园读诗会，开放的课堂，自由呼吸的空气，充满不期而遇的美好。

十、模拟联合国

——立场文件的书写（朱娜）

知识与技能目标：了解立场文件是什么，什么时候用到它，由谁撰写，给谁参看，书写的意义。

过程与方法目标：加深学生对模拟联合国大会的认知。

情感、态度与价值观目标：锻炼学生们的领导才能、批判性思维、调查研究能力、写作技巧和谈判技巧等，更重要的是在学会尊重他人不同文化和信仰的同时锻炼协商能力。

教学重点：立场文件的内容。

教学难点：如何确立立场文件的核心。

教学过程：

（一）导入新课

播放以"消除世界贫困"为议题的模拟联合国大会视频，视频中最后达成了立场文件，向学生引入什么是立场文件。

（二）讲授新课

以视频中的立场文件为例，讲解立场文件是代表在调查研究之后观点的汇总，是关于某一议题的代表国立场，一般模拟联合国大会要求所有国家代表在大会开始前提交立场文件，也是代表们在参会过程中的主要发言依据。一篇立场文件只能阐述一个国家对于一个议题的观点。

1. 立场文件应包括以下几个方面

（1）简要阐述议题及背景，并说明代表国对这个议题的认知；

（2）列举代表国、联合国以及国际社会在这个问题上曾有过的行动，并且表明本国在这个立场上的态度。

（3）提出代表国的解决方案和未来将要采取的方案以及对联合国工作的希望与配合。

2.立场文件的目的

（1）立场文件的定义回答"what"的问题，立场文件是表达某个国家或组织在某个特定议题上的立场概要的文件。一份立场文件只针对一个议题，主题明确。

（2）立场文件的作用回答"why"的问题，通过撰写立场文件整理立场国的思路，明确立场，为后续会议的发言做好准备。立场文件有助于在大会上简明扼要地阐明本国的观点，有助于其它国家来了解该国在这一议题上的基本立场，确定该国是否与自己的国家具有共同的目标和利益等等，这样便于双方的协商和合作。立场文件同时也是会议开始阶段各国陈述观点的主要参照材料。

（3）立场文件的提交回答"when""who"和"where"的问题，立场文件需要各国代表在会前就完成并交给各委员会的主席团。正常的流程下，各个议题的主席团会在会议开始之前就将参会各国的立场文件展示给每一个代表，以方便代表们在会议期间更好地了解各国地基本立场和政策目标。

3.怎样写立场文件

（1）立场文件的格式

立场文件的开头应包括以下部分：

代表姓名（delegates）

代表来自的学校名（school）

国家名（country）

所在委员会（committee）

议题（topic）

（2）可以从以下很多方面充实立场文件的内容。

对该国在这个议题上的立场的总体概括和对该国在此问题上的历史介绍；

该问题是怎样影响本国的；

该国在此问题上的政策和政策实施的进度；

该国在此问题上签署的协定或批准的决议；

在此问题上别国的立场怎样影响你国的立场；

国家领导在相关问题上发言的引言。

（三）课堂演练

以导入新课的案例为议题，每个学生写一份新的立场文件，每个小组推选出一份优秀的文件，完成后各个小组交换讨论，指出不同小组的立场文件的优缺点，以达到课堂巩固的作用。

（四）作业设计

以"伊朗核问题"为议题，六个小组分别代表中国、美国、加纳、法国、德国、墨西哥，写出六份立场文件

十一、"打地鼠游戏应用"教学设计（郑鲁芳）

（一）学习目标

了解 Canvas 的坐标表示。

Imagesprite 组件使用。

Clock 组件在游戏中的应用。

（二）教学过程

1. 展示 APP 运行效果

利用手机投屏，现场演示打地鼠游戏应用的运行效果。

（设计意图：让学生了解设计作品的最终效果，引起学生学习的兴趣，同时让学生明确设计目标；）

2. 功能描述

请学生参考玩游戏的过程，以"当……事件发生时，（程序）执行……操作"的形式描述游戏功能。

（设计意图：APP Inventor 编程完全基于对事件的响应。应用是一组事件处理程序，当事件发生时，应用调用执行一系列的指令来实现对事件的响应。许多事件由用户触发。以"当……事件发生时"这种形式描述游戏功能，便于学生理清程序运行逻辑。）

功能描述如下：

（1）当开始按钮被点击，游戏开始（地鼠随机显示在树洞中；开始游戏倒计时；显示游戏初始状态值：剩余时间、击中次数）；

（2）当0.5秒的计时一到（每隔0.5秒），地鼠移动一次位置；

（3）当地鼠被击中，播放被击中声音，击中次数加1；

（4）当游戏剩余时间为0时，游戏结束（结束计时，提示游戏结束）

3. 界面设计

向学生分发游戏用到的素材（背景图片及声音文件）。

请学生根据游戏界面放置相应的组件，最终效果如图所示。

提示学生修改组件命名。

（设计意图：让学生形成良好的习惯，便于编程中识别组件。）

4. 基础知识

教师讲授基础知识。（设计意图：为学生编写程序提供必需掌握的基础知识。）

（1）Canvas坐标体系

在Canvas的坐标体系中左上角是原点（0,0），水平向右为X轴，逐渐增加，

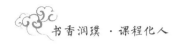

垂直向下为 y 轴，逐渐增加。对子 Canvas 上的 Imagesprite 组件，它的坐标位于图像的左上角。对于这个特效，在处理 Imagesprite 到达右侧位置时，要注意坐标换算，确保显示全部图片。对于 Imagesprite 除了平面的 X、Y 坐标，还有 Z 坐标，Z 坐标主要解决多个 Imagesprite 组件的上下层关系。

（2）透明图片

在动画游戏中，往往有背景图作为游戏的显示效果，Imagesprite 组件常常使用透明图片，且一般为 PNG 格式。PNG 可以为原图像定义 256 个透明层次，使得彩色图像的边缘能与背景平滑融合。PNG 图片一是可以通过网络搜索获取，二是可以使用 Photoshop 等绘图软件进行处理。

Clock 组件

Clock 组件可以用于创建计时器，以固定的时间间隔发出信号来触发事件，也可以实现各种时间单位（年、月、日、时、周）之间的转换和处理。

Clock 组件的用途之一是计时器：设置计时器的计时间隔，就可以每隔一定时间发出信号并触发事件。计时间隔单位为毫秒。

Clock 组件的另一个用途是处理时间，并用各种单位来表示时间。Clock 组件内置的时间格式被称作时刻，该组件的当前时间就是当前的时刻。该组件提供了许多方法来解析时刻。对于一个给定的时刻，可以返回该时刻对应的年、月、日、时、分、秒、星期等单项信息。

5. 编程实现

（设计意图：参考功能描述中的内容，逐一实现，让学生体会清晰的功能描述对编程实现的重要性。）

（1）定义全局变量

请同学思考该程序中需要定义哪些变量？分别保存哪些值？

定义全局变量 sec，初始值 60，表示游戏剩余的时间（秒数）；

定义全局变量 no，初始值为 0，表示击中次数；

定义全局变量 x、y，初始值为 empty list，表示地鼠可能出现的 X、Y 坐标。

初始化全局变量 sec 为 60

初始化全局变量 no 为 0

初始化全局变量 x 为 ⊙ 创建空列表

初始化全局变量 y 为 ⊙ 创建空列表

（2）游戏开始模块

实现功能描述中第 1 项：

当开始按钮被点击，游戏开始。（地鼠随机显示在树洞中；开始游戏倒计时；显示游戏初始状态值：剩余时间、击中次数。）

在制作动画游戏时，一般将游戏开始和游戏结束做成过程，简化操作，方便维护。这里命名为 begin 程序，当单击按钮时进行调用，主要完成以下几个功能：

对 X、Y 坐标进行赋值，一一对应。坐标对应地鼠在地洞上的坐标，可以通过在 UI 界面移动地鼠得到；

激活两个 Clock 组件，地鼠移动，倒计时开始；

初始化游戏状态。注意这里游戏开始也包含重新开始的情况，因此要考虑全面，将全局变量重新赋值。游戏结束时，在画布上写出游戏结束语句，游戏开始时将画布清除。

（3）地鼠及计分模块

实现功能描述中第二、三项：

第二项内容：当 0.5 秒的计时一到（每隔 0.5 秒），地鼠移动一次位置；

Clock1 时间间隔是 500 毫秒，这个数据可以根据游戏需要进行设置。每一个
周期执行的程序是：地鼠随机移动到 5 个地洞中。

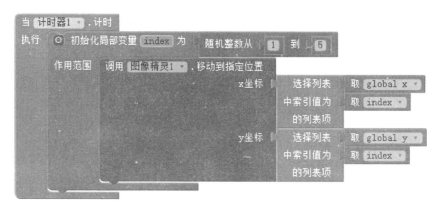

第三项内容：当地鼠被击中，播放被击中声音，击中次数加 1；

当玩家手指单击画布时，判断是否击中地鼠，如果击中，播放击中声音，并
且计分加 1。

（4）游戏结束模块

实现功能描述中第四项。

第四项内容：当游戏剩余时间为 0 时，游戏结束（结束计时，提示游戏结
束）。

该功能分为两部分：计时判断（判断剩余游戏时间是否为 0）；游戏结束（结束计时，提示游戏结束）。

倒计时模块：

Clock2 的时间间隔为默认值，也就是每 1 秒运行一次，每个周期将秒数减 1，当秒数为 0 时，游戏结束，即调用游戏结束（过程）。

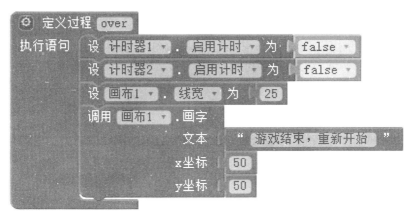

游戏结束（过程）：

游戏结束时将两个计时器暂停，在画布上提示"游戏结束，重新开始"。

6. 调试程序

调试程序，查看程序运行结果。

将调试过程中出现的问题进行记录：

（设计意图：调试是程序设计中重要的一部分，发现问题、分析问题，从而解决问题。对问题记录，有助于学生对所学知识进行深入理解。）

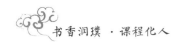

问题描述	分析问题出现的原因	修改程序
问题 1		
问题 2		
问题 3		

7.思考与拓展

思考：

试玩游戏，你认为该游戏有哪些不足？还需要修改或添加哪些功能？请继续完善该游戏，使其更完善。

参考打地鼠游戏的制作，你还能设计哪些游戏？请课下设计你的游戏。